CB016744

PAULO MENDES CAMPOS

Poesia

Posfácio
Luciano Rosa

Grafia atualizada segundo o Acordo Ortográfico da Língua Portuguesa de 1990, que entrou em vigor no Brasil em 2009.

Capa
Alceu Chiesorin Nunes

Foto do autor
© Alécio de Andrade/ AUTVIS, Brasil, 2022
Paulo Mendes Campos
Bar Zeppelin, Rio de Janeiro, 1964

Preparação
Silvia Massimini Felix

Revisão
Bonie Santos
Valquíria Della Pozza

Dados Internacionais de Catalogação na Publicação (CIP)
(Câmara Brasileira do Livro, SP, Brasil)

Campos, Paulo Mendes, 1922-1991.
Poesia / Paulo Mendes Campos ; posfácio Luciano Rosa. — 1ª ed. — São Paulo : Companhia das Letras, 2022.

ISBN 978-65-5921-357-3

1. Poesia brasileira I. Título.

22-132673 CDD-B869.1

Índice para catálogo sistemático:
1. Poesia : Literatura brasileira B869.1

Cibele Maria Dias – Bibliotecária – CRB-8/9427

[2022]
Todos os direitos desta edição reservados à
EDITORA SCHWARCZ S.A.
Rua Bandeira Paulista, 702, cj. 32
04532-002 — São Paulo — SP
Telefone: (11) 3707-3500
www.companhiadasletras.com.br
www.blogdacompanhia.com.br
facebook.com/companhiadasletras
instagram.com/companhiadasletras
twitter.com/cialetras

Sumário

Nota a esta edição

O presente volume preserva a estrutura da segunda edição de *Poemas* (Civilização Brasileira, 1984). Estabelecida pelo próprio autor, a organização traz uma ordenação própria, que não tem como critério o eixo cronológico, mas uma dinâmica de aglutinação dos livros em seções. A edição, portanto, não inicia com o livro de estreia, *A palavra escrita* (1951), e sim com os dois livros até aquele momento inéditos: *Balada de amor perfeito* e *Arquitetura*, ambos de 1979. *A palavra escrita*, assim, passa a ser incorporado ao bloco *O domingo azul do mar*, de 1958. *Poesia* inclui ainda *Testamento do Brasil* (1966) e dez poemas de *Trinca de copas* (1984), corrigidos a partir do cotejo com o datiloscrito do autor.

Vale mencionar que, além dos livros exclusivamente de crônicas ou de poemas, a obra de Paulo Mendes Campos abrange miscelâneas de poesia, prosa, aforismos, fragmentos e traduções, como é o caso de *Transumanas* (1977), *Diário da tarde* (1981) e *Trinca de copas* (1984). Não foram incluídos aqui poemas publicados em *Diário da tarde* (1981), que por sua vez foi lançado de forma autônoma pela Companhia das Letras em 2014.

Além da poesia editada em livro, este volume colige poemas recolhidos em veículos variados (jornais, revistas, coletâneas com diversos autores) e nos documentos do poeta, selecionados pelo pesquisador Luciano Rosa. Vão divididos em duas seções: "Poemas esparsos", publicados em periódicos e, de modo menos frequente mas igualmente disperso, em compilações; e "Papéis de versos", com transcrições de manuscritos e datiloscritos do Arquivo Paulo Mendes Campos, depositado no Instituto Moreira Salles (RJ).

A edição traz ainda uma seção de poemas traduzidos, amostra da operosa atividade de Paulo em verter para o português poesia de diversas línguas.

BALADA DE AMOR PERFEITO

Cantiga para Lygia Peixoto

Quando o sol esclarecia
o bem e o mal da Bahia,
meu mal antigo dormia
e outro me dava bom-dia:
o mal amor alegria
que me encantava e mordia
e devagar me fundia
na luz escorregadia
do mar olhar calmaria
de Maria da Bahia.

Quando o sol comprometia
os olhos de maresia
do entardecer de Maria,
Maria dava à Bahia
o que ela mais recebia:
sal, cheiro-verde e magia.

Quando o sol largava o dia,
a Bahia de Maria
era mais feitiçaria,
mais mestiça, mais Bahia.

Quando o sol enrubescia
as telhas-vãs de Maria,
o próprio sol a vestia
de uma seda fugidia:
não era sol nem Maria,
era uma chama sombria.

Nem juventude nem velhice

Uma flor. Costumavas mencionar (sem dúvida com um duplo sentido) uma flor, nevoenta, com um desenho místico, porém lógico.

Sim, uma flor. Com profundos dedos retorcidos — amargos como o poder antropológico.

Explicitamente, uma rosa. Em reuniões de cerimônia vangloriavas de uma rosa — não muito visível ou fotogênica, mas uma rosa.

Desacreditada hoje em dia — pela fluidez excessiva do verso ou a demasiada pertinência da prosa.

Uma campina. Um pasto para o sabre de teus dentes. Uma campina babilônica.

Manchada e assombrada agora por tua sombra de pirâmide faminta, faraônica.

O mar. Tu do lado de cá, deslumbrado como um cristal espelhante — e lá (grande também e profundo) o mar.

Mas o mar agora agoniza devagarinho — graus de morte que você não pode impedir e nem mesmo enxergar.

Um instinto. Quando em apuros, confiavas na centelha de teu instinto animal.

Resta-te um despertador para amanhã de manhã — quando soar a campainha do teu bem e do teu mal.

Um firmamento. Não mudou muito teu firmamento, como sempre belo e dramático.

Estrelado como chegou ao mundo, desolada Lua, tua cabeça sobressaltada: mas o céu ficará um pouco mais triste em teu viático.

Um coração. Não há muito tempo gozavas de um coração de sístoles e diástoles ritmadas e puras.

Um coração de mau humor hoje à noite — depois de uma torrente de piranhas e gorduras.

O dom humorístico. Obtiveste a duras penas um pico de humor.

Fora de moda agora, meu amigo, como a gravidez e o amor.

Um monstro. Um monstrinho infantil adorado pelos mais velhos. Pálido, divertido e bonito como Boris Karloff.

Estragado mais tarde pelo medo — melhor, por teu inevitável *show-off*.

O inverno. Que confortável exílio! Como uma encantada primavera era o inverno.

A primavera agora está só como um templo; como Nunca; ou Para Sempre; e o inverno se fez como um glacial inferno.

Bonecas. Gostavas (sem má intenção!) de ninar grandes bonecas de olhos azuis, de cabelos escuros ou dourados de sol.

Como fazer agora? As bolas de teus olhos rolam no vazio pacífico e cego. Tuas mãos agarram-se aos cabelos verdes do ermo. — As bonecas deslizam afogadas em teu atol.

Dinheiro. Assaltaste um Sésamo e sorveste (naturalmente) todo aquele dinheiro sangrento.

Moedas reluzentes escorrem ainda de tua boca — mas o mel ficou nojento.

Uma palavra: pronta para escancarar uma porta ou trancá-la. A palavra-chave, exata, afiada.

Ambígua ainda como sempre, mas em desuso agora — como um juramento ou uma velha espada.

Nariz. Gracioso nariz. Forte como um nariz de poeta. Bastante conhecido na cidade.

Revirado agora para baixo. Rubro feito maçã. Inerte. Pensativo — como Newton a formular o inexorável da gravidade.

Uma luz. Súbito no mudo crepúsculo a loquacidade da luz. Como um açoite.

Feito para excitar os nervos de teus brilhos breves. Para o relâmpago de teu prazer. Antes que o corvo crocite boa-noite.

Uma canção. Triste. Docemente comercializada.

Enquanto na penumbra apertas o acelerador e corres para nada.

Com uma cabana, um riacho. Um riacho resgatado à infância de Peter Pan. Certo.

Mas só quando o Capitão Gancho não andar aí por perto.

Um sexo. Um doubleunissex. *Perhaps... perhaps...*

Assim frequentaste os melhores lugares. Com a tua ciência de encomendar o queijo certo e o vinho adequado. — Hoje ausente como um urso de espetáculo. — Outrora venturoso como um urso na colmeia.

Tempo de começares a contagem regressiva: dez, nove, oito, sete, seis, cinco... Ah, uma ideia!

Escuta! A trombeta de uma profecia! Oh, Shelley! *Mind!*

If Five comes, can Zero be far behind?

Pequeno soneto em prosa

Sempre me grilou o curto-circuito das contradições fundamentais: no oligofrênico musical (meu amigo Otto desafina ao assoviar *Dá nela*) sofre um Beethoven mal sepultado: com um porém: mais surdo que as portas dos castelos feudais.

No menino retardado e no ancestral King Kong esvoaça transcendente *rondinella* — de asas ainda visgadas nos opacos vitrais do (ainda) incompreensível ou inexprimível. Mas na praça aristotélica de Goethe, ou na planície platônica de Proust, sobra espaço (e capim) para a besta quadrada.

O pior cego é aquele que quer verde (é possível); mas também pode ser que a visão do visível seja pouco mais que nada.

Baça e simples é a libido. Édipos amam suas mamãs de um fervor santo, pontual e burguês.
Um verme áptero (sem metafísica nenhuma) transfigura-se em lepidóptero feliz.
Negócio é o seguinte: Rimbaud é mais por aquilo que não fez. Freud talvez achasse o mesmo bosque (de Viena), se desse para caçar (em vez de cobras e lagartos) as borboletas sutis.

Num minuto cabem horas: caladas, maceradas, amarradas ou rançosas; as horas aladas disparam pelo céu em um segundo. A matemática poética de hoje ignora se um é um. E as rosas? Ora, as rosas! São cotidianas — como as prosas emitidas do outro mundo.

Revire puerilmente o mapa-múndi: sulista é quem habita o Norte.
A mesma centelha enjaula o tigre do átomo e o cinde.
Claude Bernard falou e disse: "A vida é morte".
Como qualquer outro, Hitler também foi *ein gutes Kind.*

A Constante de Planck é uma piada cósmica:
00000000000000000000000006624

Do senso comum
Chesterton e Shaw (polos opostos) desembrulham a graça adoidada. E a bomba atômica vai matando atum.

Se fora zen-budista, Raimundo (das pombas) saberia que a máscara se oculta sob a face. E era a ufania de Afonso Celso só uma ufania de conde, que acaso o conde disfarçasse?

Pela mesma contramarcha, o tímido e o casto são arrevesados de magma em brasa. Por fora o general é meio civil; o civil, por dentro, dá umas de general.
Por vezes não sobe nem o foguete da Nasa.
E o Brasil? Será mais que o esfomeado amor (ou o gigantesco tumor) de Portugal?

Ao ponto pode seguir-se uma vírgula (bem mineira); à vírgula pode seguir-se a irreparável incongruência.
Pois é: a noitada de domingo já é segunda-feira.
E a Morte pode ser a Independência.

Falam muito: *In my beginning is my end*. Muito riso, pouco siso.
Ele é durão, mas, no fundo, é todo terno.
Hecha la ley, hecha la trampa.
Quem crê em Deus, vai pro Paraíso.
Quem não crê, vá pro Inferno.

Por fora bela viola... Água mole em pedra dura...
Não é da saúde que vive a doença?

Pra nosso tempo de miséria há um exagero de fartura.

O crime afinal compensa.
Ou não compensa?

Tese: no melhor amigo há o radical inimigo.
Antítese: o inimigo é o nosso amor secreto.
Síntese: como todo mundo, Howard Hughes faleceu mendigo.

— E nada existe mais abstrato do que o poema concreto.

Do tresloucado

Na solitude entrei no meu lugar.
As velas acendi. Tomei vanádio.
Os dentes areei. Liguei o rádio.
Eu vinha do festim de Baltasar.
Anunciava o locutor: "No Estádio
Nabucodonosor vai terminar
a luta, patrocínio de Paládio".
As ninfas já não pintam no meu lar.
Desliguei, desligado, o aparelho.
Em mim, no céu, fundia-se o sol-posto.
Doíam-me a coluna e o joelho.
Para tomar mais um, chamei a Jônia,
meiga mestiça, que mo pôs a gosto.
Vê como dói viver em Babilônia.

A luz em Diamantina

Quando a luz desembarca em Diamantina
a banda de música das coisas afina
seus instrumentos

há restos de acordes noturnos e tristezas
pendurados nos varais

gotas de sombra tremeluzem e tombam nos quintais
acesas

os passarinhos em desalinho
saem batendo palmas
cumprindo contentes o dever de anunciar
às almas
a boa-nova de todos os dias:
bom dia

Diamantina
acabou de chegar a luz que nos ilumina

os gatos desenrolando-se de um sono asiático
conferem com os olhos de metal a grande novidade
e vão repontar
por milagre
no trono dos beirais

os violinos da sinfônica das telhas
repetem as vãs escalas vermelhas

na moita os grilos guardam as flautas
na várzea os sapos calam a boca

andorinhas sobem e descem nas pautas do adro
dó ré mi fá sol lá si
si lá sol fá mi ré dó

e entram pelos altos da igreja
em sobressalto
antes que venha uma velhinha aflita
pedir ao Senhor um cantinho que seja
na Glória infinita

entoando um canto à transparência da morte
a equipagem da nave levanta âncoras
para a Eternidade
(boa viagem!)

por enquanto
as ruas pertencem à sinfonia da luz
e aos cães (donos da lua)
que desdizem do dia

mas a luz tudo sabe e se abre e se doa e se derrama
e compartilha de tudo
como se fosse uma pessoa da família
recém-chegada dum país distante
mas tão espontânea e contente

que conversa com toda a gente:
mato de estrada
palmas de coqueiro
menino quieto de calçada

flores de sepultura
pobre que desce ladeira

tão amiga é a linguagem da luz
que ninguém se lembra da sua linhagem
gerada que foi das mãos de Deus
na primeira hora da criação

só os diamantes do ar celebram a linhagem divina da luz
só os violoncelos brancos espalhados no azul dizem
que a luz é do céu
e só está neste vale de lágrimas
de passagem
clandestina
neste vale de sombra por onde escorre um rio iluminado
(sombra é luz do outro lado)

Sobem e descem
por semitons na escala cromática
retângulos cor de ouro cor do céu
cor do céu
cor de ouro
retângulos por semitons
descem sobem na escala cromática

o bonito do mundo é a modulação

mesmo quando a escala de repente se faz enigmática:
este amarelo e verde limão indecifrável no mural
este ocre que arqueia o marco do portal

mas para as abelhas douradas que voam na luz mineira
há rendilhados de madeira

que o diga a luz recolhida na sacada
clareando sistemas solares feitos de ouro e de ferro e de nada

que o diga a luz que passa
coagulada um instante no fogo da vidraça

que o diga o sol do morto

que o diga este horto hostil

este Gólgota escalvado

esta alta encruzilhada

que o diga a cruz
em cujos braços Cristo se faz luz crucificada.

Cantiga para Gabriela

Estrangulou-se no ocaso a voz de paz ou de guerra
do derradeiro tapajós:
restaram garras ternas na terra,
as visões, os bichos, os nós,
coisas de amor visual, elos de argila,
restou a alma tapajônica
— retorcida ou tranquila.

Loa literária do desengano

Louvado seja são Dostoiévski, que adivinhou os nossos passos e percorreu sozinho o espaço metafísico do louco, do violento e do indigente de Deus.

Louvado seja são Francisco de Assis, que abençoou as feras dos meus fojos.

Louvado seja são Luís de Camões, com os seus caminhos sempre errados, e a sua sintaxe sempre certa.

Louvado seja são Paulo Verlaine, que assumiu as pompas todas das cloacas, para compor algumas canções definitivamente virginais.

Louvado seja são Joaquim Maria Machado de Assis, que nos indispôs contra o mundo, segundo a sua visão, com todas as minúcias e nuanças de um artista da Renascença.

Louvada seja santa Teresa de Ávila, com seu amor em chamas.

Louvado seja são Percy Shelley, que saiu nu pelos caminhos estreitos de mil e oitocentos, e muitas vezes foi crucificado, na profusão de seus dons, e sempre ressuscitou, na profusão de seus dons, até asfixiar-se no golfo italiano.

Louvado seja são Miguel de Montaigne, virtuoso dos jogos do mundo, com sua alma diversa e instável, a curiosidade infinda, a comedida ciência, encruzilhada de quase todos os humanos, herdeiro dos antigos, ancestral dos modernos.

Louvado seja são José Carducci, que amava o boi e chorava com a morte das crianças.

Louvado seja são Carlos Baudelaire, que dormia com rameiras horrendas, sem perder a auréola do espírito, e limpo voltava dos paraísos artificiais.

Louvado seja são Miguel de Cervantes, que vem sempre lá longe a cavalo, na companhia de um magro e um gordo, e os céus os faça chegar mais uma vez, quando eu me for. E louvados sejam são Gordo e são Magro, que abusaram à vontade da minha inocência, desencantando os anões alegres de meu riso.

Louvado seja são Daniel Defoe, que padeceu no pelourinho, e que me atirou sozinho a uma ilha encantada pelas realidades primárias.

Louvada seja a santa família Brontë, que subverteu o tédio da tarde puritana, entrando pela noite tempestuosa.

Louvado seja santo Artur Rimbaud, que foi o último anjo rebelado, e ainda nos apedreja com o magma incandescente de seu furor.

Louvado seja são Li-Po, que vagueou pela campina amarela, pra cá, pra lá, folha viva, folha morta, copo de vinho na mão.

Louvado seja o santo poeta chinês, que viu o futuro no espelho enluarado e sujo da hospedaria.

Louvado seja são Vladimir Maiakóvski, pois era uma nuvem de calças.

Louvado seja são João da Cruz, que saía do claustro, sem ser notado, para a noite escura da alma.

Louvado seja são Frederico Hölderlin, que invocou os deuses com tremendo sucesso e acabou em santa loucura na casa de um santo carpinteiro.

Louvado seja são Gustavo Flaubert, que sofreu de lucidez maligna.

Louvado seja são Rainer Maria Rilke, que carregou consigo o poeta (eu) adolescente, à dimensão intersticial, onde os cães percebem a morte que entrou dentro de casa.

Louvado seja são Tolstói, que foi um leão magnífico entre os bichos domésticos.

Louvado seja santa Colette, que soube perdoar a si mesma, para depois perdoar o céu, e a terra.

Louvado seja são Guilherme Shakespeare, que recebeu os anjos e os demônios todos, e ainda teve a humildade de cuidar de seus bens materiais.

Louvado seja santo Alighieri, redator supremo do diário universal.

Louvado seja são Voltaire, que continua a iluminar a estupidez calculada, ou empolgada, e a cancerosa máscara do homem.

Louvado seja são Jônatas Swift, que ficou louco depois de ter sido o lúcido, e apanhava depois de velho.

Louvado seja são Pascal, com o matematismo de sua angústia.

Louvado seja são Hermano Melville, assombrado com o que viu, ou não viu.

Louvado seja são Walt Whitman, que a certos momentos parece ter santificado as coisas.

Louvado seja santo Heráclito, que falou o essencial sobre a fantasmagoria do tempo e do espaço.

Louvado seja santo Henrique Ibsen, com os seus olhos dramáticos.

Louvado seja são Calderón de la Barca, pois a vida é sonho.

Louvado seja são Mateus Arnold, pelos versos da praia de Dover, pois a vida não é sonho.

Louvado seja são Frederico Nietzsche, que foi um deus desenganado.

Louvado seja são Paulo Valéry, que chegou cedo demais a minhas mãos.

Louvado seja são Mallarmé, que santificou uma prostituição tão velha quanto a outra.

Louvado seja são Goethe, que sabia tudo, mesmo quando não sabia.

Louvado seja são Tomás Eliot, pela assepsia esquelética de seu verso.

Louvado seja são Guilherme Blake, que nos faz olhar com medo a simetria do tigre.

Louvado seja santo Afonso Daudet, que foi um grande escritor menor. Ou maior.

Louvados sejam os santos gregos, com as tentativas tocantes de um mundo amalgamado de caos e harmonia.

Louvada seja a Santa Sabedoria, da Índia, da China, da santa Bíblia.

Louvados sejam santo Ovídio, e são Catulo, com seus carmes de carne.

Louvada seja a Santa Poesia, que articulou para mim o absurdo.

Louvado seja o Santo Ritmo, que me tornou suportável a via dolorosa.

Louvada seja a Santa Semântica, capaz de desmontar a máquina do mundo.

Louvado seja o Santo Humor, que se ri da minha desagregação.

Louvada seja a Santa Forma.
Louvado seja o Santo Espírito.
Louvada seja a Santa Forma.
Louvado seja o Santo Espírito.

Cantiga para Hélio Pellegrino

Boi. A tarde esmorece do que foi.
Do que será noturno é que se tece o boi.

Depois de reler o manifesto surrealista

Se eu fora rei venderia minhas terras a perder de vista
Se eu fora médico interviria na clâmide da desavença
Se eu fora para morrer reabriria o debate da gestação
Se eu fora torneiro iria contornando contornando
Se eu fora calme bloc ici-bas chu d'un désastre obscur meu nome
seria Edgar Allan Poe
Se eu fora carpinteiro emolduraria o A no O
Se eu fora advogado sorriria no fórum ao cair da tardinha mas de
[blusão
Se eu fora pseudópodo prosseguiria prosseguiria
Se eu fora bom da bola bloquearia a área de atrito
Se eu fora Maricá só pediria pensamentos aos muares licenciados
Se eu fora um moinho à beira do Floss investigaria lentos eflúvios
Se eu fora corretor da Bolsa nas horas vagas musicaria madrigais
Se eu fora tímido impressionaria os tímidos
Se eu fora árvore traduziria mais poesia para os campos Mendes
Se eu fora o mal sussurraria ao bem o mais doce conselho
Se eu fora Tom Mix sumiria na cacofonia do cinematógrafo
Se eu fora magistrado internaria o erótico no indevassável ventre de
[uma virgem
Se eu fora mogno de relógio repetiria a música das esperas
Se eu fora pobre-pobre cataria no meu saco enorme os misereres da
[poluição
Se eu fora inglês perguntaria "What is this my people?"
Se eu fora menestrel menestrel seria das irmãs Carneiro entre
[Conceição e Capelinha
Se eu fora dado a palíndromos cunharia pelo avesso o animal sob
[lâmina

Se eu fora "relais" cumpriria o meu dever
Se eu fora explorador do círculo polar antártico pediria fuego ao
[primeiro Prometeu de Mar del Plata
Se eu fora proletário contribuiria para o mausoléu dos milionários
Se eu fora empresarial impediria que Margarida me perturbasse
Se eu fosse o Senhor investiria numa empresa fora deste mundo
Se eu fora o Y comeria cedilhas com ricas folhinhas
Se eu fora um domingo paulistano molharia os namorados
[devagarinho
Se eu fora artista concederia mil entrevistas a Leda de *O cisne*
Se eu fora joão-de-barro imporia minhas cláusulas ao BNH
Se eu fora Portugal exigiria a volta de Camões por um édito do ano
[da graça
Se eu fora um noturno tentaria saber da lua se ainda há tílias em
[Berlim
Se eu fora bem-te-vi viria te ver no banho-maria
Se eu fora bem pago teria certa relutância aos carteiros
Se eu fora apaniguado dos Médici embolaria a guarda do pretório
Se eu fora intervalo entre já e jamais iria como sempre de
[não-me-toques
Se eu fora estilita ajudaria Jesus a descer pela coluna dos fundos
Se eu fora moralista *the nightingale* piaria de madrugada
Se eu fora baiano batucaria baiano sou no batucajé do Empire Bahia
[Building
Se eu fora infinito pessoal deixaria em casa o guarda-chuva
Se eu fora subversivo só beberia cicuta dissoluta em coca
Se eu fora amor não saberia dizer se eu seria animal vegetal ou
[mineral
Se eu fora Lord Cardigan pediria pra ser o doutor Livingstone
Se eu fora uma errata a culpa seria toda minha
Se eu fora Stálin pediria que me retribuíssem pelo menos o cadáver
[de Vladimir
Se eu fora capitão de mar e guerra intentaria amar à tona

Se eu fora a massa multiplicada pelo quadrado da velocidade da luz
[você desfaleceria de tanto orgulho da minha energia
Se eu fora a Vitória de Samotrácia sairia agora mesmo voando para o
[meu torrão natal
Se eu fora chantecler nos dias do terror passaria de passagem por Paris
Se eu fora leão comeria o decurião deixando o cristão para um
[domingo sem circo e sem pão
Se eu fora Blaise Cendrars daria um soco de cotoco nos cones de
[Pascal
Se eu fora mansão imperial em Botafogo estaria hoje com um pé na
[cova latejante
Se eu fora pernóstico venderia tudo para comprar a ordem da
[jarreteira
Se eu fora Mário Vianna escreveria cammpos com dois emes
Se eu fora água limpa de roupa e tudo te beberia
Se eu fora mineiro mineiraria no silêncio das marianas
Se eu fora consoante fricativa coitadinhas dessas vogais que se
[mandam de grinaldas pelos bosques
Se eu fora tabagista e tivera passado por Lisboa teria dado preferência
[à tabacaria favorita do Esteves
Se eu fora datilógrafo datilografaria dactil dat dáctilos
Se eu fora Manuel Bandeira me hastearia
Se eu fora um hífen empreenderia a transa ciclópica de todos os
[seculorum:
Manhattan Chase — — — — — — — — — — — — são Francisco de Assis
Se eu fora gêmeo de mim mesmo um de mim teria que morrer
Se eu fora maquinista de trem acabaria afinal o meu desenho infantil
Se eu fora colateral de Deus jogaria lá na frente
na zona do perigo do chiaroscuro
entre os santos e os anjos
e os doidos
e os leprosos
e os suicidas

e Isaías
e Verlaine e Ovalle e Bach e Hölderlin e El Greco e Leopardi e Blake
e as duas Marias
e as trombetas dos arcanjos beiçudos do jazz

Cantiga para Tom Jobim

Quem for além simplesmente
deste espelho transparente
há de sumir? ou se ver?
relembrar? ou esquecer?
Quem for além simplesmente
deste espelho transparente
há de sentir? ou sonhar?
prosseguir? ou regressar?
Mas quem achar uma seta
que lhe apontar o sentido
neste espelho, há de se achar
no paraíso, perdido,
onde achará o poeta,
de repente ou devagar.

Litania da lua

Lua dos parques fantásticos de Verlaine,
lua que faz sonhar os pássaros e soluçar de êxtase os chafarizes,
lua dos jasmins e dos lilases de Juan Ramón Jiménez,
quando Beethoven chorava sob mãos brancas ao piano,
lua das estradas líquidas de Antônio Nobre,
lua negra de veludo,
eterna freira dos conventos do céu,
sol de Portugal,
adeus para nunca mais!

Lua do silêncio eterno do espaço infinito de Pascal,
lua de pedra de Sócrates,
Artêmis ao mesmo tempo,
lua lúcida,
lua das montanhas de Minas de Augusto de Lima,
quando chora ao longe uma flauta e um violoncelo chora,
lua fosforescente de Lawrence,
caravela perdida no mar alto de Alphonsus,
relógio a medir a eternidade celeste,
corola do tempo submersa no céu,
lua de Neruda,
adeus para nunca mais!

Lua atroz do menino Rimbaud,
amiga dos insensatos de Paul Valéry,
branca e pequenina lua de Vinicius,
lua dos dez mil narcisos dourados de Wordsworth,
pálida hermafrodita de Lautréamont,

lua velha com a lua nova nos braços de Sir Patrick Spence,
flor noturna de William Blake,
lua inconstante de Shakespeare,
lua isenta, serena e fiel de Cecília,
lua a envolver os noivos abraçados e os soldados já frios,
lua hirta das galharias de Mário Quintana,
lua das fragatas de marfim,
lua dos corredores dos hospitais,
adeus para nunca mais!

Lua casta de Ben Jonson,
lua das candeias mortas das cantigas de roda,
lua do lunólogo Laforgue,
lua das núpcias de Laforgue,
virgem carregada de fogo branco de Shelley,
lua urbana e doente de Baudelaire,
vaca celeste de Jaime Ovalle,
branca tartaruga adormecida,
Verônica do sol,
lua morena,
unicórnio gris e verde,
lua-lua de Lorca,
lua das sandálias de prata de Walter de la Mare,
dos frutos de prata em árvores de prata,
das patas prateadas dos animais,
das plumas prateadas dos pombos,
lua dos peixes prateados em rios de prata,
lua dos desesperos galeses de Dylan Thomas,
galeão fantasmagórico em mares nevoentos de Alfred Noyes,
lua russa e glacial de Chagall,
lua das tristezas concretas de Debussy,
lua de cara rachada pela varíola de T.S. Eliot,
lua desmemoriada a piscar o olho nas esquinas,

lua dos sonhos brancos de Cruz e Souza,
lua das inconsoláveis esperanças,
dos trêmulos martírios,
lua das flores amargas da morte,
lua lutuosa,
clorótica,
adeus para nunca mais!

Lua que se empoleira no espigão,
condescendente amiga das metáforas,
lua de Mário de Andrade,
lua de Murilo Mendes,
onde talvez o demônio ainda não tenha penetrado,
lua de Augusto Frederico Schmidt,
cansada, frágil, pálida,
tangida pelo vento como um barco de louras velas enfunadas,
lua que Li-Po foi buscar bêbado no fundo de um lago,
lua turva e clara do primeiro céu de Dante,
lua do sertão de Catulo da Paixão Cearense,
lua dos quartos de dormir de Lamartine Babo,
lua das pastorinhas de Noel,
Lady Godiva de Tennyson,
lua de Arno Holz,
imensa, rubra, suave como sonho,
lua de Raimundo Correia,
lua dos tristes e enamorados,
golfão de cismas fascinador,
astro dos loucos,
sol da demência,
adeus para nunca mais!

Lua morta no céu entrevado de Byron,
lua plácida de Goethe,

olhar terno de amigo entre a alegria e a dor,
lua sagrada a surgir das montanhas da Ásia de Hölderlin,
lua serena a brincar sobre as vagas de Victor Hugo,
lua dos bosques argênteos de Morgenstern,
lua alta a campear sinistra de Soares de Passos,
lua dos vestidos de noivado da rainha de Gomes Leal,
lua da loucura a fitar no espaço,
lua irmã de Francisco de Assis,
lua de Assunción Silva,
cheia e branca do noturno de murmúrios e perfumes,
quando as sombras se buscam nas tristezas e nas lágrimas,
lua a brilhar no límpido espelho de Antonio Machado,
lua de março despida pelo vento de Langston Hughes,
lua de Fernando Pessoa na estrada de Sintra perto de meia-noite,
lua da linda barquinha bailando no mar,
lua nova de Manuel,
lua irônica e diurética de Drummond,
lua embuçada de James Joyce,
lua do olvido depois da tormenta de Cecil Day Lewis,
lua sinistra sobre a paz do mundo de Augusto dos Anjos,
lua sangrenta das batalhas de Homero,
lua silenciosa de Virgílio,
lua da triste e leda madrugada de Camões,
lua do adeus, adeus,
adeus para nunca mais!

Cantiga para Djanira

O vento é o aprendiz das horas lentas,
traz suas invisíveis ferramentas,
suas lixas, seus pentes-finos,
cinzela seus castelos pequeninos,
onde não cabem gigantes contrafeitos,
e, sem emendar jamais os seus defeitos,
já rosna descontente e guaia
de aflição e dispara à outra praia,
onde talvez possa assentar
seu monumento de areia — e descansar.

Epitáfio

Se a treva fui, por pouco fui feliz.
Se acorrentou-me o corpo, eu o quis.
Se Deus foi a doença, fui saúde.
Se Deus foi o meu bem, fiz o que pude.
Se a luz era visível, me enganei.
Se eu era o só, o só então amei.
Se Deus era a mudez, ouvi alguém.
Se o tempo era o meu fim, fui muito além.
Se Deus era de pedra, em vão sofri.
Se o bem foi nada, o mal foi um momento.
Se fui sem ir nem ser, fiquei aqui.

Para que me reflitas e me fites
estas turvas pupilas de cimento:
se devo a vida à morte, estamos quites.

Pré-operatório

Il pense qu'il va mourir, enfin et déjà
Philippe Soupault

Antigamente o crime compensava.
O mal, à flor do crime adolescente,
o mal fazia bem ao delinquente.
Do mal à flor uma canção bastava.

Do crime agora sobra a sica rouca.
Lesma a tisnar o ar com sua baba,
sem a haste do aroma, a flor desaba.
Sem endereço a alma acaba louca.

Se a carne é certa, a alma é nebulosa.
Sumiu do muro a porta clandestina.
E é como converter poema em prosa:

Dividido na sua identidade,
babando, bambo, o cão chega à esquina
em que se esfuma o cio da cidade.

Balada de amor na praia

Ai como sofre o corpo que se esfrega
no corpo que se entrega e não se entrega

é como a convulsão da preamar
a querer atirar o mar no ar

a onda rija bate como espada
nos musgos da mulher ensolarada

guelras arfantes pernas semifusas
grifam sombras morenas de medusas

e a verde rocha em V vê o duelo
do peixe azul fisgado no amarelo

compondo um bicho humano sobre a praia
que se desfaz em rendas e cambraia

moluscos musculares do desejo
decápode do homem — caranguejo

anêmonas e polvos complacentes
a resvalar de abismos inocentes

como se amar no mar fosse encontrar
nossa animalidade elementar

ou fosse o ser na praia (duplicado
de amor) bicho de amor do mar gerado

cujas garras fatais persuasivas
deslizam pelas angras sensitivas

pelos quadris que dançam pelos frisos
conjugais — zigue-zague de mil guizos —

garras que buscam a melhor textura
no ventre no pescoço na cintura

já quase a devorar a lua cheia
no litoral do céu feito de areia

e o sol diz nomes feios para a lua
pedindo que ela entenda e fique nua

para que possa a coisa hermafrodita
mudar a vida breve em infinita

e quando enfim de amor o bicho — arraia
na confusão voraz freme e se espraia

é como a convulsão da preamar
que conseguiu jogar o mar no ar

Para Roniquito

Hamurábi fez um traço
entre o haver e o dever
sem distinguir o trespasso
de meu ser para não ser

Ser-me o perder:
cosmoextorsão
de ser não ser

Euclides se fez o deus
de três seios de harmonia
mas não resolveu os meus
escalenos de agonia

Tritão sem haste:
cosmoincisão
de ser contraste

Arquimedes fez moitão,
roldana, roda dentada,
mas não levantou do chão
o que sou por não ser nada

Nada de lama:
cosmoextrusão
que suja a cama

Alexandre fez a Pérsia,
plantou cidades no grito,
só parou ante a inércia
que fui às portas do Egito

Egito é quando:
cosmoextinção
de onde eu ando

Descartes fez do que viu
intuição, dedução,
mas não viu nem intuiu
o sim vomitando não

Não-sim flamante:
cosmoinversão
do ser arfante

Só o poeta arbitrário
com seus estilos sem corte
tenta o sentido contrário
para rasgar o sudário
que me veste mal na morte

Soluços finos
dos violinos

Insônia

Maria falando sobre música tristíssima de Albeniz
madrugada de garoa em Barbacena
menino doidinho puxando a orelha de Frei Lourenço
frade redondo fazendo fumaças redondas com o charuto
estou brigando com Vaquinha na porta da capela
onde está a machadinha de mamãe?
meu Polar 22 flores amarelas
Branquinho vem voltando bonito ao pombal
como a beleza exaspera
que alvoroço de uma tarde irreparável
Luís me emprestou as obras completas de Verlaine
Tarzã o filho da selva
Jacala o crocodilo
um cartão perfumado de Dorly nos Pensamentos de Pascal
Winetou morre no refeitório lágrimas no ensopadinho
morre o leitor de Winetou chamava Cifuentes
menininhas atirando beijos do adro

Padre Questor discorrendo sobre Déspotas Esclarecidos
um vaticínio agudo na chieira do carro de boi
olho do gatinho estourado pela pedra
cavalo mete a cabeça na janela do hotelzinho
é Bernanos que voltou de Cruz das Almas
flores amarelas
monges budistas no aeroporto
japoneses tomam sopa fazendo um ruído de ralo
febre e delírio
ajoelho aos pés de meu avô chorando a fortuna que devo

Maria falando sobre a música tristíssima de Albeniz
flores amarelas flores amarelas
acordo coberto de formigas
tuberculoso quer morder o ar e morre
Pedrinho Paulista desce do trem e morre no jardim
primeiro circo desfilando na rua
olhos de Vivien Leigh na ponte de Waterloo
Frei Rufino a grande velocidade
res rei rei rem res re
latim é muito fácil
o raio com estrépito no pátio enlameado
dois pretos se trucidando em sangue no bar da cidade
a mulata gorda dança de manhã no bar da praça da República

Maria Albeniz tristíssima
flores amarelas
pestanas arqueadas
olhos verdes azuis castanhos
mão trêmula descalçando luva
glissant de l'épaule à la hanche
la chemise aux plis nonchalants
comme une tourterelle blanche
vient s'abattre sur ses pieds blancs
flores amarelas
barcos apodrecendo no parque
la gare Saint-Lazare
un dimanche d'été à la Grande Jatte
Palermo
o general de Garibaldi dentro do esquife
general peludo coberto com lençol
menina que morreu de queda quando nasci
bispos enormes alçados nas paredes
sol na bruma seca de setembro

flores amarelas
Maria tristíssima
indefinidamente o fiozinho
flores amarelas levadas pelo vento Maria

Relógio de sol

De todas as minhas façanhas
a que me dói mais lentamente
é sentir nas minhas entranhas
o meu coração arbitrário
girando em sentido contrário
à parábola do poente.

Declaração de males

Ilmo. sr. diretor do Imposto de Renda:
antes de tudo devo declarar que já estou (parceladamente) à venda.

Não sou rico nem pobre, como o Brasil, que também precisa de boa
[parte do meu dinheirinho.
Pago imposto de renda na fonte e no pelourinho.

Murchei em colégio interno durante seis anos.
Não cheguei ao fim de nada, a não ser de desenganos.

Fui caixeiro. Fui redator. Fui bibliotecário.
Fui roteirista e vilão de cinema. Fui pagador de operário.

Já estive (sem diagnóstico) bem doente.
Fui acabando confuso e autocomplacente.

Deixei o futebol por causa do joelho.
Viver foi virando dever e fui entrando no vermelho.

No Rio (que eu amava), o saldo devedor
já há algum tempo que supera o saldo do meu amor.

Não posso beber tanto quanto mereço.
Pela fadiga do fígado e a contusão do preço.

Sou órfão de mãe excelente.
Outras doces amigas morreram de repente.

Não sei cantar. Não sei dançar.
A morte há de me dar o que fazer até chegar.

Uma vez quis viver em Paris até o fim.
Mas não sei grego nem latim.

Acho que devia ter estudado anatomia patológica.
Ou pelo menos anatomia filológica.

Escrevo aos trancos e sem querer.
Há contudo orgulhos humilhantes no meu ser.

Será do avesso dos meus traços que faço o meu retrato?
Sou um insensato a buscar o concreto no abstrato.

Minha cosmovisão é míope, baça, impura.
Mas nada odiei, a não ser a injustiça e a impostura.

Não bebi os vinhos crespos que desejara.
Não me deitei nos sossegos verdes que acalentara.

Sou um narciso malcontente da minha imagem.
Jamais deixei de saber que vou de torna-viagem.

Não acredito nos relógios... *the pale cast of thought*...
Sou o que não sou (*all that I am I am not*).

Podia talvez ter sido um bom corredor de distância:
correr até morrer era a euforia da minha infância.

O medo do inferno retorceu as raízes gregas do meu psiquismo.
Só vi que as mãos prolongam a cabeça quando já me perdera no
[egotismo.

Não creio contudo em *my self.*
Nem creio que possa revelar-me em *other self.*

Não soube buscar (em que céu?) o peso leve dos anjos e a divina
[medida.
Sou o próprio síndico da minha massa falida.

Não amei com suficiência o espaço e a cor.
Comi muita terra antes de abrir-me à flor.

Gosto dos peixes da Noruega; do caviar russo; das uvas de outra
[terra.
Meus amores pela minha são legião, mas vivem em guerra.

Fatigante é o ofício para quem oscila entre ferir e remir.
A onça montou em mim sem dizer aonde queria ir.

A burocracia e o barulho do mercado me exasperam num instante.
Decerto fui crucificado por ter amado mal meu semelhante.

Algum deus em mim persiste.
Não soube decidir entre a lua que vemos e a lua que existe.

Lobisomem, sou arrogante às sextas-feiras, menos quando é lua
[cheia.
Persistirá talvez também, no rumor da tormenta, algum canto de
[sereia.

Deixei de subir ao que me faz falta, não por virtude.
Meu ouvido é fino e dói à menor mudança de altitude.

Não sei muito dos modernos e tenho receios da caverna de Platão.
Vivo num mundo de mentiras captadas pela minha televisão.

Jamais compreendi os estatutos da mente.
O mundo não é divertido, afortunadamente.

E mesmo o desengano
talvez seja um engano.

Cantiga para Mário Quintana

Sei lá eu por que eu canto!
Nem sei se é canto... ou espanto...
Talvez cante sem querer...
Talvez pra ver... ou não ver...
Pra lembrar... ou esquecer...
Ou viver... ou reviver...
— Eu não tenho o que fazer!

Nascimento do dia

Será esta a minha última casa?
Estou a escutá-la, a medi-la,
enquanto flui a breve noite interior que sucede ao meio-dia.
Crepitam na varanda as sebes novas.
O inseto tritura brasa entre os élitros.
Grita no pinheiro a ave avermelhada.
O vento do poente, atento sitiante de meus muros,
deixa em paz o mar denso e duro de rígido azul.
Ficarei fiel a esta casa? Tão comum que não pode ter rivais.
Tilintam as garrafas enviadas ao poço
de onde virão para o jantar, mais frescas.
Não esquecer de regar as dálias, as balsaminas, as jovens
[tangerineiras
(de raízes incapazes de beber nas profundezas
e sem força para verdecer sozinhas sob o fogo constante do céu).
Os gatos saltarão sobre as falenas.
Os cães, já retirados do mundo, pensarão em novo amanhecer.
Amanhã apanho de surpresa a alva rubra sobre as tamargueiras,
[molhadas de orvalho salino,
no caminho que retorna da noite, da bruma, do mar.

Terei chegado aonde não mais se recomeça?
Pouco a pouco, no encolhido domínio rural,
na serenidade, cujo hálito sinto à distância
— promessa de chuva suspensa sobre minha vida ainda tormentosa —
pouco a pouco reconheço o caminho de volta.

Só me restam dois ou três amigos de todos que me acreditaram
[perdida em meu primeiro naufrágio:
gosto de guardar o que promete durar além do meu termo.
Só meus sonhos ressuscitam às vezes um amor defunto
(o amor lavado de seus prazeres breves e localizados).
Em sonho acontece: um dos meus amores recomeça com uma
[confusão
de olhares traduzíveis em duas ou três versões contraditórias.

Uma pequena asa de luz bate entre os dois contraventos e toca a
[mesa,
que retorna como eu da Bretanha.
Onde a mulher teve um amor feliz é terra natal.
Onde se curou da dor de amar, também nasceu.
Esta costa azul de sal, embandeirada de tomates e pimentões,
é duas vezes minha. Que riqueza,
e quanto tempo a ignorá-la, ó meus bens tardios!

A cor mortiça da penumbra marca o fim da sesta.
Cresce o mistral. Ressoará todo o golfo côncavo como um búzio.
Com moderada impaciência, espero que se retire o visitante
que já empurra sob a porta uma singular homenagem
de pétalas murchas, de areia, de sementes moídas miudamente,
e já não tenho quarenta anos para voltar o rosto a uma rosa que se
[fana.
Homem, meu amigo, quer respirar comigo?
Sempre amei a tua companhia.
Fiquemos juntos: não tens mais razão, agora, de deixar para sempre
uma mulher que escapa à idade de ser mulher.
Uma das banalidades da existência, o amor, retira-se da minha:
o resto é alegre, variado e numeroso.

Diferiu o mistral sua ofensiva.
Nada pretendo mais,
a não ser o inacessível.
Alguém me assassinou para que eu seja tão doce?
Não. Há muito que conheci — testa contra testa, pernas misturadas —
os verdadeiros maus. O mau, verdadeiro, puro, artista,
é raro encontrá-lo, ainda que seja uma só vez na vida.
Mesmo inclinada à indulgência da terceira hora da manhã,
nem mesmo no passado alguém me assassinou.
Sofrer, sim, sofrer, sei sofrer.
Mas é grave sofrer? Talvez seja só uma criancice,
uma ocupação sem dignidade, tão pouco venerável quanto a velhice
[e a doença.
Não há companhia tão boa que não se deixe
e aqui me empenho em despedir-me cortesmente.
Adeus, meu homem.

Um palor azul avança sobre o meu leito.
O cheiro do mar me previne que estamos tocando o instante em que
[o ar é mais frio do que a água.
É bom dormir.

(Desentranhado dos três primeiros capítulos do
romance *La Naissance du Jour*, de Colette.)

Risco de bordado

Minhas afeições não valeram.
Cheguei a procurá-la,
Maria.
Nos espelhos.
Nas barbearias.
Nos teatros.
Nos campos de futebol.
Ponto.
Cruz.
Laçada.
Morte.

Balada de amor perfeito

Pelos pés das goiabeiras,
pelos braços das mangueiras,
pelas ervas fratricidas,
pelas pimentas ardidas,
    fui me aflorando.

Pelos girassóis que comem
giestas de sol e somem,
por marias-sem-vergonha,
dos entretons de quem sonha
    fui te aspirando.

Por surpresas balsaminas,
entre as ferrugens de Minas,
por tantas voltas lunárias,
tantas manhãs cinerárias,
    fui te esperando.

Por miosótis lacustres,
por teus cântaros ilustres,
pelos súbitos espantos
de teus olhos agapantos,
    fui te encontrando.

Pelas estampas arcanas
do amor das flores humanas,
pelas legendas candentes
que trazemos nas sementes,
    fui te avivando.

Me evadindo das molduras
de minhas albas escuras,
pelas tuas sensitivas,
açucenas, sempre-vivas,
fui me virando.

Pela rosa e o resedá,
pelo trevo que não há,
pela torta linha reta
da cravina do poeta,
fui te levando.

Pelas frestas das lianas
de tuas crespas pestanas,
pela trança rebelada
sobre o paredão do nada,
fui te enredando.

Pelas braçadas de malvas,
pelas assembleias alvas
de teus dentes comovidos,
pelo caule dos gemidos
fui te enflorando.

Pelas fímbrias de teu húmus,
pelos reclames dos sumos,
sobre as umbelas pequenas
de tuas tensas verbenas,
fui me plantando.

Por tuas arestas góticas,
pelas orquídeas eróticas,
por tuas hastes ossudas,

pelas ânforas carnudas,
fui te escalando.

Por teus pistilos eretos,
por teus acúleos secretos,
pelas úsneas clandestinas
das virilhas de boninas,
fui me criando.

Pelos favores mordentes
das ogivas redolentes,
pelo sereno das zínias,
pelos lábios de glicínias,
fui te sugando.

Pelas tardes de perfil,
pelos pasmados de abril,
pelos parques do que somos,
com seus bruscos cinamomos,
fui me espaçando.

Pelas violas do fim,
nas esquinas do jasmim,
pela chama dos encantos
de fugazes amarantos,
fui me apagando.

Afetando ares e mares
pelas mimosas vulgares,
pelos fungos do meu mal,
do teu reino vegetal
fui me afastando.

Pelas gloxínias vivazes,
com seus labelos vorazes,
pela flor que se desata,
pela lélia purpurata,
     fui me arrastando.

Pelas papoulas da cama,
que vão fumando quem ama,
pelas dúvidas rasteiras
de volúveis trepadeiras
     fui te deixando.

Pelas brenhas, pelas damas
de uma noite, pelos dramas
das raízes retorcidas,
pelas sultanas cuspidas,
     fui te olvidando.

Pelas atonalidades
das perpétuas, das saudades,
pelos goivos do meu peito,
pela luz do amor perfeito,
     vou te buscando.

ARQUITETURA

FOGÃO: DOLORES

DOLORES ERA O NOME DE DOLORES.
CHAGAS VIVAS DE CRISTO SUAS DORES.

TAL QUAL NO SEU ALTAR FOI ABRAÃO.
SOBRE O FOGO ESTENDIA O CORAÇÃO.

EU LIA-LHE LOBATO TODO DIA.
ESCURA COM OS ÓLEOS DE MARIA.

O SEU PERNIL DO CÉU ERA UM PERNIL.
COMO SÃO JOÃO DA CRUZ SANTO E SUTIL.

DOLORES DE VELUDO ERA DOLORES.
CHICOTADAS DE CRISTO SEUS AMORES.

SEU ESPAÇO NO MUNDO FOI BEM GRANDE.
E AQUELA PAZ DE BRAQUE OU DE MORANDI.

MENINICE DE CRISTO SUAS FLORES.
DOLORES ERA A GRAÇA DE DOLORES.

SALA DE JANTAR

FALTAVA UM TEMA A NOSSA COMPANHIA,
FALTAVA A NOSSA MESA CERTO ESPAÇO:

O MAR EM NOSSA CASA NÃO BRAMIA,
MAR DE GRAVURA DÁ CERTO EMBARAÇO.

A CHUVA DE REPENTE ERA ALEGRIA,
À FALTA DE AMPLIDÃO PARA O FRACASSO:

A SERRA DO CURRAL NOS ELIDIA,
O MAR DAS ELEGIAS TRAZ CANSAÇO.

O MAR A NOSSA GENTE NÃO CURTIA,
SÓ O CÉU NOS ABRIA SEU COMPASSO:

SÓ O DENTE DO SAL NOS CONHECIA,
SÓ NO PRATO DE SOPA ERA O SARGAÇO.

SÓ NO PIANO UM BRIGUE ESTREMECIA.
SÓ NA VAGA DO VENTO NOSSO ABRAÇO.

PORÃO

DESLAÇANDO AS MEADAS DESTE VÉU,
ENCONTRO OS OUTROS ONDE ESPERO O SÓ —

ENQUANTO VOU CAINDO PARA O CÉU.

NO REVERSO DO MUNDO EM PROPAGANDA,
UM DOCE DESCOMPASSO DE CIRANDA
TRAZ A MIM, SOMBRA EM FLOR, A MINHA AVÓ.

MENINO-SOL REINANDO NO PORÃO,
AQUI ANDEI SEM MEDO E SEM DEGREDO,
BRINCANDO DE BUSCAR O MEU BRINQUEDO
AONDE SÓ SE VÊ ESCURIDÃO.

A ODISSEIA DO PORÃO COSTURA
A LUZ DO SOL ÀQUELA LUZ ESCURA
QUE VAI ABRINDO OS OLHOS DA CRIANÇA.

NO SUBSOLO TAMBÉM HÁ ESPERANÇA.

ESCRITÓRIO: ACHANDO ELEGIA

DAQUI RESTA DE MIM O REPERTÓRIO
DAS MÁSCARAS, UM DRAMA DE VIVÊNCIAS,
FUGAS, SUBLIMAÇÕES, AMBIVALÊNCIAS,
MARES, TEATROS, FAIAS, DE ESCRITÓRIO.
MENINO, AQUI, NUMA SEMANA SANTA,
CURVO E SEM RUMO, A REVOAR, ACHEI
O JARDIM SEPULCRAL DE THOMAS GRAY:
QUE, DESDE CEDO, AQUELE QUE SE ESPANTA,
SOZINHO, EM FESTA, MONTA A SUA VIDA
NAS PEÇAS DE CORDEL DO CLAUSTRO HUMANO,
PARA SEGUIR ALÉM DE SEU ENGANO,
E DESTE LABIRINTO ACHAR SAÍDA.
NAS TRAMAS DO ABAJUR, ARTE POÉTICA,
A VIDA TEM DE SER A LUZ HERMÉTICA.

"SOLITUDE BLEUE":
CONVERSA FIADA NO JARDIM

A BUGANVÍLIA BRIQUE SUTILIZA
UM EROS SONOLENTO E SEM NARIZ.

PODE UM DEUS ALEIJADO SER FELIZ?

QUANDO TE RIS EM FLOR, SE RI A BRISA.

QUE FAZ UM ESPANTALHO CONTROVERSO
NESTE JARDIM MADURO?

PROSA. VERSO.
MEU MAL DE MALLARMÉ FOI EM PARIS:
A SOLIDÃO AZUL NÃO ME HORRORIZA.

A TARDE, POR UM FIO, NARCOTIZA
O AMOR DE TERRACOTA EM VERDE-GRIS.

O RELÓGIO DE SOL FOI O MEU ERRO.

QUE PASSO INCERTO AMAR ESTE DESTERRO!

O SEM-FIM VIM BUSCAR NESTE JARDIM
DO QUAL ME CABEM SÓ HORAS DE MIM.

VARANDA

DE LÁ SE VIA UM MURO TRANSPARENTE
E ALÉM UNS MARES LENTOS E FACUNDOS,
ROTEIROS RETORCIDOS, SUBMUNDOS
DE PORÕES RECRIADOS NUM REPENTE
DE LUZ DAS VESPERAIS DE ANTIGAMENTE,
TRILHAS NAVAIS, ROMANCES VAGABUNDOS,
ENTRELAÇADOS MARES ORIUNDOS
DE SER A GENTE UM ENTE DIFERENTE
QUE SÓ PRETENDE O QUE NÃO VÊ E VÊ
DE OLHOS LIMPOS AQUILO QUE NÃO HÁ,
GENTE DESMEDIDA QUE DESCRÊ
DE QUANTO EXISTE PARA VER E ESTÁ
SEMPRE ELUDINDO O MURO E QUE DEMANDA
O CÉU A TERRA O MAR DE UMA VARANDA.

JARDIM: AMANHECER

INTERMINAVELMENTE AGORA ME FASCINA
NO PEDESTAL DO TEMPO O MÓVEL MONUMENTO
DA ROSA A DESLIZAR NA PAZ DE SEU TORMENTO.

TALVEZ ASCENDA AO CÉU A ROSA QUE DECLINA.

DAS GRAÇAS DA MATINA À AVE VESPERTINA
PODE UMA QUEDA ALÇAR ALGUÉM AO FIRMAMENTO?

NÃO DIGO: APENAS LEGO A ROSA — EM TESTAMENTO
DESTA MANSA MANHÃ — À TARDE DE RAPINA.

SE DIGO, PODE SER QUE O CORVO ME DESDIGA.
MAS DIGO: VAI COMIGO UM DOIDO QUE ME RESTA.
AO AJUSTAR O SIM AO NÃO ME DESAVIM.

É SEMPRE DO INDIZÍVEL QUE SE FAZ CANTIGA.

AO ABRIR O PORTÃO DO DIA ME FAZ FESTA
COMO UM CÃO AMOROSO, INSTANTE, O MEU JARDIM.

FINIS CORONAT OPUS

ESTE SONETO COMO UM CEGO EM GAZA.

ESTE SONETO CHORA DE SE VER.

ESTE SONETO CHORA POR QUERER,
POR CHORAR, POR DOER, CHORA UMA CASA.

ESTE SONETO CHORA PORQUE TRAZ
NA SUA SALVA O BEM QUE NOS FAZ MAL.

CHORA NO ETERNO A GRAÇA TEMPORAL.

SE A CASA SE DESFAZ QUANDO SE FAZ,
ESTE SONETO CHORA SEM SENTIDO.

TALVEZ CHORE DO ASSOMBRO DE TER SIDO
SÓ GLOSA DO REFLEXO DUMA ROSA.

ESTE SONETO CHORA POR SER PROSA.

PROSA CERZIDA POR UM ARQUITETO
QUE JÁ SE DEMOLIU NO SEU PROJETO.

PROJETO

DE PAPEL E NANQUIM É UM BRINQUEDO
PERIGOSO, IDEAL, NOSSA MORADA.
DAS SUAS DIMENSÕES NOS É VEDADA
A QUARTA, QUE, TORCIDA PELO MEDO,
DOS PROJETOS HUMANOS FAZ PERGUNTAS.

SÃO REENTRANTES ESTAS DUAS PLANTAS:
NA PLANTA ALTA VÃO CHORAR INFANTAS,
NA PLANTA BAIXA VÃO SORRIR DEFUNTAS.

ESTE DIEDRO GEME COMO UM CÃO.
MAS DAS ARESTAS MIARÁS A LUA.

PARA ABRIR OU FECHAR A TUA RUA,
ESTES DOIS RISCOS TRAMAM TEU PORTÃO:
REGRESSA HORIZONTAL DAS PARALELAS
QUEM VERTICAL, GENTIL, ENTROU POR ELAS.

TANQUE DE ROUPA: SCHERZO

ERA UMA TARDE PASTORIL MINEIRA,
ERAM CIRROS E CÚMULOS MENTAIS,
ERA O DOLCE STACCATO DA TORNEIRA,
VIRAÇÕES DE OFFENBACH PELOS VARAIS,
ERAM TRÊMULOS BARROCOS DE ROSEIRA,
TRISSOS DE AMOR NAS FRINCHAS DOS BEIRAIS,
ERA UMA TARDE ABRIL À BRASILEIRA,
ERA UMA TARDE ARDIL MINAS GERAIS.

E ERA NA TARDE TARDE REDUNDANTE
— LONGE VESTÍGIO EM MEIGO PERGAMINHO —
UM REFLUIR AZUL DE MAR DISTANTE.

ERA UMA TARDE ESTÁTICA DE DEUS.

MAS A BOCA DA NOITE DE MANSINHO...

E A TARDE ANIL RENDEU A ALMA. ADEUS.

JARDIM NOTURNO: SCHERZO

AS BRUXAS CATAM RÃS PELAS BROMÉLIAS.
DA NOITE DE VALPÚRGIS CORRE SANGUE.
SUGA O VAMPIRO OS SAPOTIS DO MANGUE.
TUBERCULOSAS, TOMBAM AS CAMÉLIAS.

SEM SABER SE NASCEU OU É O FIM,
O GURI GRUDA A ALMA NA VIDRAÇA:
EM LUFADAS SONORAS DE DESGRAÇA
BEETHOVEN ANDA SOLTO NO JARDIM.

ROMPEM DO CHÃO DIABOS A GUINCHAR,
ANÕES FELPUDOS MIJAM NA PISCINA.

DÁ GRITOS INFELIZ CASUARINA
ACORRENTADA ÀS TRANÇAS DO LUAR.

DEPOIS (NUM DOCE ANDANTE) O CÉU SE DESINFLAMA.
E AÍ BEETHOVEN (BOM MENINO) VAI PRA CAMA.

BANHEIRO

AI! CIOS A VELAR NA LUZ DE OUTONO!
AI! DUVIDOSOS CÂNTAROS DO SONO!

OH! SAGRAÇÃO DE ESPOROS PENETRANTES!
AH! PRESILHAS DE PÁSSAROS ARFANTES!

AH! PRIMÍCIAS DOURADAS COMO UM TRONO!
OH! GAZELAS DISTENSAS DE ABANDONO!

AH! TRILHAS VACILANTES DE NEBLINAS!
OH! DRÍADES FRUÍDAS NAS PISCINAS!

OH! ALUSÕES MORENAS DE AZULEJOS!
AH! ESPELHOS PERVERSOS DE DESEJOS!

OH! CHAMA RETESADA EM MUSSELINAS!
AH! MUSGOS VIOLADOS DE MENINAS!

(*À TARDE FAUNO E NINFA VÃO AO BANHO*)

AH! OH! GAROA BRUSCA EM CÉU CASTANHO!

NOVENA

EM MAIO DE MARIA DAVA À SALA
UM HÁLITO DE MURCHAS LABIAIS,
UM MARULHAR TARDIO DE SENZALA,
UMAS CARCAÇAS PURGATORIAIS,
MAGRIÇAS CONVULSIVAS DA CABALA,
ENFISEMAS, MANTÉUS IMPERIAIS,
UM CORCUNDA GOYESCO DE BENGALA,
E CRIANÇAS DE TRANÇAS SEPULCRAIS.

AS REZAS CREPITANTES ERAM FESTAS
NAS QUAIS JAMAIS DEU FLOR UM MORIBUNDO:
IA-SE A MORTE EM BOGARIS QUE O VENTO
A TAPAS ENFIAVA PELAS FRESTAS.

NAS NOVENAS LATIA DO ALÉM-MUNDO
O CÃO QUE ME APARTAVA DO MOMENTO.

JARDIM: BOCA DA NOITE

RESSOAM NO JARDIM MEUS AMARELOS.

SEM HASTE A FLOR DISTENDE SEU PERFUME.

EM MIM SE IMBRICA O ALÉM DE MIM. O GUME
DA NAVALHA ARGUIU MEUS PARALELOS.

A BORBOLETA AJUSTA SEUS DUELOS
COM O INCONSÚTIL, E, SUTIL, ASSUME
O ABISMO QUE ME VAI DE VERME A LUME.

SE OS PASSOS QUE NÃO DOU SÃO OS MEUS ELOS,
AQUILO A QUE ME AGARRO É QUE ME PRENDE.

JÁ VOU ACHANDO O QUE NÃO MAIS PROCURO.
NA TRANSFIGURAÇÃO DO CHIAROSCURO
O QUE ME PRENDE AQUI JÁ SE DESPRENDE
DO QUE SE VAI (SE FOR) E É MEU ENFIM
QUEM VAI (SE FOR): É MEU JARDIM.

MURO, JARDIM, PAI

DEPOIS DO MAL NOTURNO, UM SOL PROFUNDO
É A CASA DE MEU PAI NO FIM DO MUNDO.
APARECE O PAI, MAS DESAPARECE,
E O DOM DE SEU OLHAR NOS AMANHECE.

POR ESTA LUZ QUE VAI E NÃO SE ESVAI,
PELO JARDIM ESCURO, CLARO, ESCURO,
A GLÓRIA DE MEU PAI ENTROU NO MURO.
NA GLÓRIA DESTE MURO ESTÁ MEU PAI.

EXILADO NA GLÓRIA, O PAI ME ESPIA
DA IRA EM QUE SE ACABA A LUZ DO DIA,
E A LUZ DE SEU OLHAR, QUANDO ANOITECE,
DESAPARECE, MAS REAPARECE.

E, APARECENDO E DESAPARECENDO,
OS FIOS DESSE OLHAR ME VÃO TECENDO.

O DOMINGO AZUL DO MAR

POEMAS ANTIGOS

Os domingos

Todas as funções da alma estão perfeitas neste domingo.
O tempo inunda a sala, os quadros, a fruteira.
Não há um crédito desmedido de esperança
Nem a verdade dos supremos desconsolos —
Simplesmente a tarde transparente,
Os vidros fáceis das horas preguiçosas,
Adolescência das cores, preciosas andorinhas.

Na tarde — lembro — uma árvore parada,
A alma caminhava para os montes,
Onde o verde das distâncias invencidas
Inventava o mistério de morrer pela beleza.
Domingo — lembro — era o instante das pausas,
O pouso dos tristes, o porto do insofrido.
Na tarde, uma valsa; na ponte, um trem de carga;
No mar, a desilusão dos que longe se buscaram;
No declive da encosta, onde a vista não vai,
Os laranjais de infindáveis doçuras geométricas;
Na alma, os azuis dos que se afastam,
O cristal intocado, a rosa que destoa.
Dos meus domingos sempre fiz um claustro.
As pétalas caíam no dorso das campinas,
A noite aclarava os sofrimentos,
As crianças nasciam, os mortos se esqueciam mortos,
Os ásperos se calavam, os suicidas se matavam.
Eu, prisioneiro, lia poemas nos parques,
Procurando palavras que espelhassem os domingos.
E uma esperança que não tenho.

Autorretrato

Nos olhos já se vê dissimulada
Preocupação de si, e amor terrível.
A incessante notícia de uma luta
Com as panteras bruscas do invisível
É como a sensação de sede e fome.
Mudo, na cor translúcida da face
Já se insinua o pálido comparsa.
Na fronte existe um vinco que disfarça
Qualquer coisa... se acaso disfarçasse.
Mas não se vê o coração que come
O sangue espesso da melancolia.
Na boca, outro sinal de uma disputa
— Discórdia, dispersão e covardia —
E um traço calmo buscando castidade.
No rosto todo, a usura da saudade.

Poema das aproximações

Sempre encantou-me a liberdade dos cegos correndo para a morte. Música de redenção cobria-me de emoções praieiras. Flores altas, espontâneas, desmentiam a vida. Ondas que o mar brincava nas rochas informavam o sagrado, aventuras que se desatam de santa rebeldia. Galhos espiralados contra o céu, sabor de terra no meu sangue, tudo subornava em mim a fidelidade dos eleitos. Deitei-me. Como os antigos, sobre a fonte da virgindade, deitei-me. O amor orlava meu sigilo como um sussurro de mitos guerreiros.

Dentro de mim a solidão se povoa, o esplendor das vertentes.

Dos deuses movia-me o pensamento a crueldade nativa. Depois os grandes deuses deixavam de existir: sobre os descampados penetrava a chuva insidiosa dos desânimos.

Redescobria uma criança. Seus sonhos eram oblíquos: à noite, os insetos devoravam-na. O instante basta para compreender a vida. Senti-la é o princípio de uma eternidade. A tessitura das amizades é nostálgica e esse início de fogo consome nossa face. Gatos e coisas silenciosas recebem o melhor de nosso culto.

Ah! Possivelmente nunca será demasiado tarde para quem pergunta. Não havíamos então recusado o escárnio da misericórdia? Sofremos. Tempo e beleza empolgam um único pêndulo, a vida e a morte. Na noite um símbolo recomeça: somos escravos das alegorias.

Não podemos perder.

O azul se distribui, as bocas vão bebê-lo. Por ele, os simples e os sábios morrem de morte mais lúcida e simpática. Na noite, os olhos ficam ainda abertos, vigilantes da estrela.

Deixai que eu fale. Permiti-me a ventura. O verbo copia a alma. Tudo que a alegria consente é bom. Deixai que eu fale. Calai a palpitação metálica da máquina.

Murmura no meu sono o vaivém dos desejos. Eu me aproximo e falo.

Somos mais ricos que o decantar da luz sobre folhagens entreabertas. E estranhos à vida. Os códigos nos omitiram. Como um bando de garças, superamos o episódico. Sobrevoamos o mistério algo simples da várzea. Onde a emoção é maior do que a forma, aí está o segredo, sombra que não é sombra, carne miraculosa. Nela nos entrelaçamos: homens, pedras hirtas, nomes defuntos, grandes rios... O amor é sempre o mesmo. O indecifrável tange os mesmos homens. Deus poreja de todas as vinganças.

Comungamos nas nascentes. Somos o inverso de um reino que acaba.

Unirei assim meu corpo às ideias que adivinho. Darei meu sangue às ribeiras. E todas as vezes que pressentir nos cegos o apelo da morte, rezarei ao sol.

Uma relação principia. Estamos para o engano como os gnomos para a floresta: é preciso encantar. Não como os desertos de amplitude saciada. Uma interpretação menos dolorosa... Vivemos!

Vivemos! — responde o vazio das vagas. Vivemos!

Sobre as cortinas pousa o primeiro pássaro de luz. Instala-se uma diversa harmonia. De mim para o mundo há uma espera. Do mundo para abstrações mais completas, a música. A noite se encosta aos muros caiados procurando a aurora. Neste intervalo, toda poesia atende ao mesmo nome, qualquer...

Elegia 1947

Chegou o tempo do erostrato,
o demiúrgico miar de caçoilas fumarentas
sobre campos de sono: um prazer que não virá.
É tempo de Artêmis e de Ana,
de defunção dos pés despetalados,
e Nêmesis recolhendo máquinas carnívoras
na preamar das injustiças.
Chegou o tempo adunco
de palavras estranhas sem sentido,
tempo de absurdos cornos paranoicos.
O chapéu do tirano
rola na rua fofa. A lua
pastoreia os animais orgulhosos.
É tempo de artefato de fábula,
tempo de algazarra e morticínio,
de ênfase escarvante em praça pública.

Somos todos umas tórtulas queixosas,
fragmentos de outono,
almas costuradas ao ícone, sopro exausto.
Sobre nós, entretanto, o sol real abriu os olhos claros.
O sol imaculado é bom
e a gente ponteia uma viola noturna de dois mil anos.
É tempo de embrulhos clandestinos,
de desejos viscosos sobre a língua,
tempo de partir em pedacinhos,
de experimentar ao contrário,
de ver se resiste, de transpor, de decompor,

de abrir os dedos e cortá-los.
Chegou o tempo de monarcas, de rainhas-mães sob a pele
carcomida, de condes e viscondes e arquiduques, de fidalgos,
galgos, tempo das películas, dos brocados, das faianças
e toda a pedraria-auri-
fulgente do El-Dorado.
As coisas se escondem
porque debaixo vem inundando um óleo, um ódio.
O polichinelo esconde o conde,
a dama está nas praias de Atanamba,
é a condessa desquitada,
tem hacaneias mil e dança sobre as ondas.

É tempo de homem, bíceps de homem,
de pés no chão, bactérias e venenos minerais,
tempo do entrecortado destino.
Chegou o tempo de abusões.
Um dorme
outro dança.
A eglantina falece de escarlatina.
O penhor dos pobres é Deus —
e ainda não é tempo de Deus.

Ode a Federico García Lorca

O sol surpreende teu corpo em direção de Córdoba. Laranjais em flor.
Tua alma em flor e em canção.
Corpo, alma, canção, no laranjal desaparecem, mas se ouve um rumor desgarrado de poesia,
murmúrio espesso, indiferente à imperfeição oceânica e à língua seca do tempo.
Cantava uma ardência miraculosa de músculo possante porque era verão em Espanha e tua carne vivia,
sem látegos enfermos, com infantilidades de namorada na paisagem de teus olhos.
É noite nesta cidade distante, mas em festa de sol é que escuto teus passos e teu canto.
Caminhaste demais, caminhaste sempre, até que das torres de Granada a noite baixasse,
e quando a sombra te abraçou, tua cabeça prodigiosa repousou na água silente, a água recebeu teu pensamento grave e amigo e veio até nós, alagando o alheamento frio.
Não se percebe de súbito o pranto. Mas, se encosto meus dedos à face noturna,
sei que o tempo soluça e existe nada mais que desamparo, que persistem guitarras arrepiando a carne da madeira,
que o vento se agarra à cabeleira das árvores e permanece, que a vida perdida se refugiou no lago perdido;
se alguém lembrar que o teu coração se esquece em uma cisterna ignorada,
nossas pernas incuráveis e gigantescas hão de andar a noite toda a procurar-te.

Há uma orfandade enorme nas coisas mais simples.
Quem dirá infinita beleza das caçarolas de cozinha, dos espanadores e de uma garrafa abandonada?
Os olmos de tua terra se crestaram na sombra, as ribeiras indecisas já não choram porque ninguém mais sabe que elas choram.
Em Santiago chove ainda, chove ainda no mundo, mas é chuva implacável, sem reminiscência de ternura.
Enquanto os poetas se atiram ao mar, minhas unhas arranham a pele da noite e sei que existes.
Tanta palavra ensinaste às coisas sequiosas! E as coisas, e nós todos, não passaremos por ti desfalecidos porque plástico e atormentado era o teu amor.
Devolvo-te meu canto imperfeito no espanto de um menino que lançasse uma pedra no fundo de um poço e em vão esperasse o baque final tão cheio de paz.
Não há resposta. Granada é tão longe. E eu estou preso às lombadas de meus livros de bronze, à visão desses arbustos sem raiva que não sei dizer. Lembrar o adverso me amedronta indefeso.
Na inexorável Nova York, teus olhos debruçaram-se na ponte do Brooklin, e apenas teus olhos existem na ponte do Brooklin.
Ouviste a angústia incomparável dos olhos oprimidos do Harlem, e o desesperado rei do Harlem cujas barbas chegavam até o mar.
Uniste tuas mãos diante de um mascarado que bailaria entre números e colunas de sangue,
lutaste com a lua nos terraços, te perdeste ao meio da multidão que vomita,
e te sentiste apenas um pulso ferido, e nem um poeta e nem um homem; gritaste, porque nada mais havia, senão um milhão de carpinteiros fabricando ataúdes sem cruz,
e percebeste que não era um sonho, mas a vida, com criaturas do céu enterradas na neve,
com um enxame de moedas devorando crianças indefesas, com camareiros, cozinheiros e os que limpam com a língua as feridas dos milionários,

com um mundo de mortos embebidos em devorar suas próprias mãos,
com ricaços putrefatos que dão de presente a suas amadas pequenos moribundos iluminados,
e caminhaste pelos bairros onde há gente que vacila insone como saída de um naufrágio de sangue,
e caminhaste pelos olhos dos idiotas e pelas mãos inconcebíveis de uma humanidade em vermelho.
E, porque contemplaste Nova York, aprendeste que a verdadeira dor não está no ar, nem nos terraços cheios de fumo
mas que é uma pequena queimadura infinita, e nada mais pudeste cantar, García Lorca, porque em tuas pupilas se refugiaram mendigos, prostitutas, marinheiros, gente de casta inumerável.

Debaixo das contas de somar, havia um rio de sangue terno cantando pelos dormitórios dos arrabaldes,
e embora a aurora chegasse inútil para Nova York, sem manhã ou esperança possível,
tu a recebeste em tua boca impoluta e nas veias onde queimava o teu sangue de espanhol verdadeiro,
porque aguardavas em combate uma luz desmedida que os ricos temessem, e quiseste, e nós queremos, que se cumpra a vontade da terra que deseja distribuir seus frutos para todos. Porque eras um homem de lábios de prata e uma palmeira.
Na tranquila noite mineira, teu grito de justiça rompe o céu apodrecido de Nova York e grita dentro de nós.
Há uma orfandade enorme.
Sei que conheces todos os caminhos como se foras um menino, mas, ao meio de todas as vozes que te cercaram, colaste teus ouvidos aos pulmões enfermos da cidade e não ficaste indiferente ao arquejo que captaste,
um pedaço de voz entrecortado, um coro sem música, sem tranquilidade nenhuma que irrompia de gargantas humanas submersas.
Não fugiste em tropel para as ilhas de ouro, embora fosses o dono de todos os cavalos brancos.

Poeta de palpitações suaves, aceitaste em teu rosto os borbotões de sangue,
e embora o milagre de teus olhos ciganos,
quiseste ser apenas um sinaleiro e não enfaixaste a chaga do mundo em gaza de palavra imaginária,
antes espremeste sabre nós o caldo amargo de tua visão compadecida, sem esconder a tua face translúcida, a lírica permeabilidade de tua pele às maresias do mundo.
Seria agora inútil e patético, García Lorca, suspender a minha voz no céu irresponsável e indagar onde estás.
Estás à sombra das oliveiras, talvez, nos olhos sem tempo dos bois, no teu túmulo, talvez,
à beira dos riachos, à beira dos pensamentos de misericórdia, nos versos melhores que fazemos,
acompanhando a lua na visita às cidades destruídas, no soluço definitivo dos moribundos fuzilados,
no ar, no vento, na chuva, estás por toda parte, porque a palavra "amor" não desmorona nunca.

Bolero 1942

Mulher
que interrompes a primavera de um exército
repartindo cartas suicidas e peixes solitários
que insinuas o desespero sem vigência
e os amoralismos cruciais do coração
fantasma de organdi e nuvens enigmas
viajando para os lados de um soluço
mulher fatal como o quadro instantâneo
que realeja na memória um céu especial
comício de poemas obscuros
ausente dos acampamentos da madrugada
carne dominical falsamente casta
intrusa das salas dos concertos sinfônicos
mulher cem vezes mulher
cem vezes mulher de meu poema
retórica dos madrigais de ternura precipitada
ladra sobretudo dos propósitos pacíficos
alto e sorridente eflúvio de repente
mulher
carta enlutada mentida de rosa
amargura corrosiva das raízes
Em ti me crucificara
como um pássaro
sem ti os jardins não são poemas
os hemisférios da alma não se entendem
sem ti
mil vezes sem ti eu remo para mais adiante
pesquisador vencido catedral abstrata

por ti perdi-me mendigo nos parques
e nos comboios irremediáveis
que fogem gotejando um tempo lento e venenoso
por ti os telefones floresciam
ou se cobriam de lutos e mistérios
por ti colecionando tardes e alvoradas
eu nadava para o delta dos sortilégios
e alevantava-se um clamor maior que a esperança
dos lados de onde me chegam flores mortuárias
um sentimento de chamas
e um prelúdio infinito.

A Mário de Andrade

Não sei que mãos teceram teu silêncio.
Morto. Estás morto. Sonhas morto? Morto.
Espantalho fatal, onde flutuas
Acordas borboletas tresvairadas.

Tua morte chegou nas folhas secas
Mas nada vi no ventre da noitinha,
Que não interpretei nas alegrias
Tua razão mais bela de acabar.

A noite está coalhada de formigas.
A cruz amarga a fé desesperada.
Há formigas na treva de tua morte
E em mim erram punhais entrefechados.

O simples tempo agora abre a vidraça.
Desarmaram nos campos a barraca.
Chega do canteiro a razão — flor
Para agravar sinais do inevitável.

O silêncio borbulha nos esgotos.
Bebamos o licor de tua morte.
Enquanto se suporta a solidão.
Tua morte foi servida numa salva.

Cisnes feridos franzem meu destino.
Os convivas, as moças, as vitrinas
Não sabem que paraste. Mas eu sofro
O sono vegetal dos passarinhos.

Mas eu sofro. Eu e o morto que conduzo
Vamos sofrer até de manhãzinha.
Vamos velar aflitos sobre a terra
Que desviou o teu olhar das rosas.

A PALAVRA ESCRITA

Neste soneto

Neste soneto, meu amor, eu digo,
Um pouco à moda de Tomás Gonzaga,
Que muita coisa bela o verso indaga
Mas poucos belos versos eu consigo.
Igual à fonte escassa no deserto,
Minha emoção é muita, a forma, pouca.
Se o verso errado sempre vem-me à boca,
Só no meu peito vive o verso certo.
Ouço uma voz soprar à frase dura
Umas palavras brandas, entretanto,
Não sei caber as falas de meu canto
Dentro de forma fácil e segura.
E louvo aqui aqueles grandes mestres
Das emoções do céu e das terrestres.

Marinha

Voará no céu quem ao céu pertence.
A poesia do mar confunde os peixes
Porque navegará no mar quem é do mar.
Uiva o lobo contra as ondas,
E o dente duro do barqueiro morde o peixe
E ele cospe no mar que ajuda seus pulmões.
Pássaros, criaturas atônitas,
Avançam no vento e vencem
Uma batalha de plumas — porque
Os pássaros do céu voarão no céu.
A amarugem corrói o aço dos navios:
Pode o navio partir ou ficar,
Pode a quilha resistir ou quebrar-se,
O piloto enlouquecer ou dobrar seus cuidados.
Sucesso, desastre,
Palavras que a brisa propala na praia.
Pode a gaivota ganir, cortando o nevoeiro,
Sem desencadear os mistérios que a definem.
O tempo ilumina uma cidade,
Mastro alastrado de flâmulas novas,
Sapatos achados na orla de um golfo,
Cofre de prata, pedaços de escaleres,
Objetos perdidos que o mendigo recompõe.
E recomposto, seu segredo se dispersa.

No verão

Inventaremos no verão os gritos
Verberados na carta episcopal.
Somos apenas pássaros aflitos
Que nada informam da questão moral.

Tens os olhos audazes, infinitos,
E eu sinto em mim o deus verde do mal,
De nossas almas nascerão os mitos,
De nossas bocas uma flor de sal.

Deitaremos raízes sobre a praia
A jogar com palavras inexatas
O desespero de se ter um lar.

E quando para nós enfim se esvaia
O demônio das coisas insensatas
Nossa grandeza brilhará no mar.

A festa

O bêbado tem uma festa
Marcada em algum lugar,
Antes de vir a manhã
Abrir as luzes do ar.

O bêbado tem um encontro
A que não pode faltar.
Será a dama de espadas?
Será a dama do mar?

O bêbado ficou mais bêbado
Foi de tanto tropeçar,
Seu rosto ficou mais pálido,
Mais estranho o seu olhar.

O bêbado pode ser tudo,
Só não pode descansar.

Como descansamos nós
Que não sabemos dançar.

Brasão

No campo solitário
Um coreto pacífico
De retretas lembradas.
Escudo cor de malva,
Paquife desfolhado.
O céu: azul — não blau —
Malarmaico, infinito.
Espadana de prata,
A fábula da água
Vai no campo: é o tempo.
No timbre, uma inscrição:
Sunt lacrymae rerum...

Sentimento do tempo

Os sapatos envelheceram depois de usados
Mas fui por mim mesmo aos mesmos descampados
E as borboletas pousavam nos dedos de meus pés.
As coisas estavam mortas, muito mortas,
Mas a vida tem outras portas, muitas portas.
Na terra, três ossos repousavam
Mas há imagens que não podia explicar; me ultrapassavam.
As lágrimas correndo podiam incomodar
Mas ninguém sabe dizer por que deve passar
Como um afogado entre as correntes do mar.
Ninguém sabe dizer por que o eco embrulha a voz
Quando somos crianças e ele corre atrás de nós.
Fizeram muitas vezes minha fotografia
Mas meus pais não souberam impedir
Que o sorriso se mudasse em zombaria
E um coração ardente em coisa fria.
Sempre foi assim: vejo um quarto escuro
Onde só existe a cal de um muro.
Costumo ver nos guindastes do porto
O esqueleto funesto de outro mundo morto
Mas não sei ver coisas mais simples como a água.
Fugi e encontrei a cruz do assassinado
Mas quando voltei, como se não houvesse voltado,
Comecei a ler um livro e nunca mais tive descanso.
Meus pássaros caíam sem sentidos.
No olhar do gato passavam muitas horas
Mas não entendia o tempo àquele tempo como agora.
Não sabia que o tempo cava na face

Um caminho escuro, onde a formiga passe
Lutando com a folha.
O tempo é meu disfarce.

Três coisas

Não consigo entender
O tempo
A morte
Teu olhar

O tempo é muito comprido
A morte não tem sentido
Teu olhar me põe perdido

Não consigo medir
O tempo
A morte
Teu olhar

O tempo, quando é que cessa?
A morte, quando começa?
Teu olhar, quando se expressa?

Muito medo tenho
Do tempo
Da morte
De teu olhar

O tempo levanta o muro.

A morte será o escuro?

Em teu olhar me procuro.

O tempo

Só no passado a solidão é inexplicável
Tufo de plantas misteriosas, o presente
Mas o passado é como a noite escura
Sobre o mar escuro

Embora irreal o abutre
É incômodo o meu sonho de ser real
Ou somos nós aparições fantasiosas
E forte e verdadeiro o abutre do rochedo

Os que se lembram trazem no rosto

A melancolia do defunto

Ontem o mundo existe

O agora é a hora de nossa morte.

Tempo-eternidade

La sensualité, chère amie, consiste simplement à considerer comme une fin et non comme un moyen l'objet présent et la vie présente.

André Gide

O instante é tudo para mim que ausente
Do segredo que os dias encadeia
Me abismo na canção que pastoreia
As infinitas nuvens do presente.

Pobre do tempo, fico transparente
À luz desta canção que me rodeia
Como se a carne se fizesse alheia
À nossa opacidade descontente.

Nos meus olhos o tempo é uma cegueira
E a minha eternidade uma bandeira
Aberta em céu azul de solidões.

Sem margens, sem destino, sem história,
O tempo que se esvai é minha glória
E o susto de minh'alma sem razões.

Soneto de paz

Cismando, o campo em flor, eu vi que a terra
Pode ser outra terra, de outra gente,
Para o prazer armada e competente
E desarmada para a voz da guerra.

No chão, olhando o céu que nos desterra,
Sem terminar falei, presente, ausente,
Ó, vento desatado da vertente,
Ó, doce laranjal sem fim da serra!

Mais tarde me esqueci, mas esse instante
De muito antiga perfeição campestre
Fez-me constante um pensamento errante:

Era o sem tempo, a paz da eternidade
Unindo a luz celeste à luz terrestre
Sem solução de amor e de unidade.

It's better to be happy

Sentada às vezes sobre a relva boa,
Ia rever os álbuns de pintura,
Amava a criação e a criatura
Com seus olhos de amor que amar perdoa.

Se o relógio cantava no salão,
Levava susto e ria-se depois:
A manga é para mim, para nós dois
O roseiral, a rede, o sol, o pão.

Pela manhã, saltando na piscina,
Aos saltos acordava o sapo-boi:
E tempo-que-será, tempo-que-foi
Davam-se as mãos dançando na colina.

A uma bailarina

Quero escrever meu verso no momento
Em que o limite extremo da ribalta
Silencia teus pés, e um deus se exalta
Como se o corpo fosse um pensamento.

Além do palco, existe o pavimento
Que nunca imaginamos em voz alta,
Onde teu passo puro sobressalta
Os pássaros sutis do movimento.

Amo-te de um amor que tudo pede
No sensual momento em que se explica
O desejo infinito da tristeza,

Sem que jamais se explique ou desenrede,
Mariposa que pousa mas não fica,
A tentação alegre da pureza.

Despede teu pudor

Despede teu pudor com a camisa
E deixa alada louca sem memória
Uma nudez nascida para a glória
Sofrer de meu olhar que te heroíza

Tudo teu corpo tem, não te humaniza
Uma cegueira fácil de vitória
E como a perfeição não tem história
São leves teus enredos como a brisa

Constante vagaroso combinado
Um anjo em ti se opõe à luta e luto
E tombo como um sol abandonado

Enquanto amor se esvai a paz se eleva
Teus pés roçando nos meus pés escuto
O respirar da noite que te leva.

Renascimento

Mais fria do que o sono do meu túmulo
É minha soledade, quando o cúmulo
Da carícia mortal se esvai, essência.
Vértice perigoso da inocência,
Entrega-me a manhã seu cemitério,
Quando, extintas espadas, sigo sério
Sorrindo para quem foi num momento
Chama que se desfez nas mãos do vento,
Belo animal que foge ternamente
E em lento movimento está presente
Nos círculos que pensam no meu ser.
Descobre-me a luz crua do prazer
E a sombra do langor se arrasta lenta
Nos sulcos de meu rosto; se ela tenta,
Beijando-me, apagar a minha face,
Onde o seu lábio vai, a voz renasce,
Nítida, calma, quase com tristeza.
A escuridão despede-se, e a certeza
De um deus fere a vidraça, verdes chamas,
Labaredas do céu, fogo nas ramas
De uma roseira que sobe à janela.
Depois, se o sol maduro se rebela
No mar, sobre as espumas, nós, constantes
Da memória das vagas inconstantes
Vamos colher a flor do tempo. Ausentes
Nos beijamos, tranquilos, transparentes.

Poema de dezembro

Teu corpo criará raízes no meu pensamento.

Eu te espio de perto
Querendo apagar o teu rosto com a mão.
Ando mais depressa que o teu desejo.

És bela
De uma juventude que arrisca as horas maduras.
À tarde, o verão agrava-te a beleza.

Nós adoramos a praia e ficamos eternos.

Poema indivisível

Eles demandavam terras estranhas
Em barcos de prata voando no céu.
"Este é o túmulo do poeta Keats." "Aquela estrada é a de Jerusalém."
"Os irmãos Vetti levavam a vida alegre." "Aqui sua majestade estava
[*chez les fleurs*."
Eles achavam um amor o *Ícaro* de Brueghel.

Passava o tempo e voltava.
A brisa arrepiava a bandeira americana.
Um homem de nariz sinistro
Lia no jornal o preço das mulheres.

Gritavam nas estradas: "Viva a Rússia!"
E os nascidos *entre les deux guerres*
Dançavam boogie-woogie nas cavernas.
Por fim os tempos passaram
E outros tempos vieram na escuridão.

Domingo em Paris

O carrossel faz girar a tarde em calma.
Tão perto de mim este domingo e tão fiel
Que ouço todos os desejos de sua alma.
Sinto as refrações, as escamas luminosas,
A cor, o peso, o ritmo da rosa
De todos os instantes.
Vejo o outono caindo,
O voo inclinado de uma ave
Os barcos indo,
O Sena — grave — fatigando um pouco os amantes.
Poderia ficar pensando em pensamento...
Tão perto no entanto... Seria tudo excesso.
Que se trata de um domingo muito íntimo de Paris,
É certo, não sei por quê. Também adivinho
Que toda gente se crê
Alta, misteriosa, infeliz.

Um poeta no mundo

Passaram céus
Passaram rosas
Passaram rios.

Ficou-me a cor do céu
O perfume da rosa
O ritmo do rio.

Passou o tempo de assassinar
Passou o tempo de ser bom.

Cidades
Amigos
Desejos.

Ficou-me a palavra mais pura.

Depois
Voltei a encontrar o rio
Mais alta, na haste,
A rosa,
Mais alto, no céu,
O céu.

Um dia de homem

O sol abriu as janelas do Atlântico.
Pescadores colhiam devagar um pouco de mar.
Eram belos, inquietos, os peixes com os olhos.
Que coisa antiga um homem na praia!
A maresia lhe fala às narinas a liberdade do sal.
Que tarde é a tarde de um homem!
A rede telefônica é uma extensão urbana de meus nervos.
Caminhei em túneis, o Grão-Mestre, meu amigo,
Sorriu-me com sinistra indiferença.
Dentro dos ascensores,
Distraído, a olhar os seios de uma loura,
Dói-me uma coisa intratável do mar de manhã.
Providenciei mil vezes, comprometi-me, falso e delicado,
E a tarde foi caindo.
Dentro do sono infeliz
O ruído do mar implacável.

Amor condusse noi ad una morte

Quando o olhar adivinhando a vida
Prende-se a outro olhar de criatura
O espaço se converte na moldura
O tempo incide incerto sem medida

As mãos que se procuram ficam presas
Os dedos estreitados lembram garras
Da ave de rapina quando agarra
A carne de outras aves indefesas

A pele encontra a pele e se arrepia
Oprime o peito o peito que estremece
O rosto o outro rosto desafia

A carne entrando a carne se consome
Suspira o corpo todo e desfalece
E triste volta a si com sede e fome.

Rural

Ao virginal lençol de margaridas
Ia o vento falar de poesia,
Encanto do menino que tangia
Os bois para as colinas coloridas.

Junta a devesas, rosas comovidas
Provocavam a minha hipocondria
Sem perturbar, porém, a cortesia
Que esconde meus silêncios homicidas.

O campo se revela e se mascara
De mágoas que o menino não entende
Que os bois entendem mas não dizem nada.

Silfo? Menino? Ele adivinha. Para.
E a flauta de bambu na tarde acende
O sentimento antigo de uma estrada.

A morte

Ontem sonhei com a morte
Por duas horas desertas:
As pálpebras não se fecharam,
Antes ficaram abertas.
Os olhos esbugalhados
Cravados num ponto incerto,
Por fora desesperados,
Por dentro o mal do deserto.
Todo de preto vestido
Me aparteava a nudez
De estar ali sem sentido
De um mundo que se desfez.
Se alguém quisesse podia
Cuspir-me em cima do rosto
O nojo que lhe subia
De ver-me assim tão composto.
Talvez um ríctus na boca
O meu segredo explicasse,
Foi-me sempre a vida pouca
E era a morte o meu disfarce.
Vi-me no esquife hediondo,
As mãos cruzadas de vez,
Vi-me só me decompondo,
Doído de lucidez.
Senti o cheiro das flores,
As velas que crepitavam,
O enjoo forte das cores
Que minha morte enfeitavam.

Vi um remorso ingente
Chegar ao pé do caixão,
Um animal repelente
Feito de amor e paixão.
Um padre de voz plangente
Depois de orar disse amém,
Em torno os olhos da gente
Me sepultavam também.
Sei que tudo era aflição
No meu destino acabado:
O terror da solidão
Ia comigo deitado.

Em noite tropical

A noite se perfumava
Da brisa do roseiral.
Respirei o ar de Deus
No sono do vegetal,
Mas não gostava da lua
Com seu brilho mineral
Porque sem dizer a ela
Me fazia muito mal
Temer a todo momento
A voz de um policial.
Inês despida na relva
Era uma Inês irreal.
O claro-escuro do ventre
Luzia na noite nua
Como as luzes de um punhal.
Quando depois se vestia
A aurora amadurecia
As copas do pinheiral.

O suicida

Quando subiu do mar a luz ferida,
Ao coração desceu a sombra forte,
Um homem triste foi buscar a morte
Nas ondas, flor do mal aos pés da vida.

Com lucidez tremeu olhando tudo
Como um falcão de súbito no alto
Estremece sentindo o sobressalto
Do abismo que lhe fala porque é mudo

Às vezes vou ali, fico a pensar
Na paz que lhe faltou e que me falta
E no confuso alarme do meu fim.

O infinito silêncio me diz — "salta",
Enquanto faz-me a brisa respirar
O fumo da cidade atrás de mim.

Os lados

Há um lado bom em mim.
O morto não é responsável
Nem o rumor de um jasmim.
Há um lado mau em mim,
Cordial como um costureiro,
Tocado de afetações delicadíssimas.

Há um lado triste em mim.
Em campo de palavra, folha branca.

Bois insolúveis, metafóricos, tartamudos,
Sois em mim o lado irreal.

Há um lado em mim que é mudo.
Costumo chegar sobraçando florilégios,
Visitando os frades, com saudades do colégio.

Um lado vulgar em mim,
Dispensando-me incessante de um cortejo.
Um lado lírico também:

Abelhas desordenadas de meu beijo;
Sei usar com delicadeza um telefone,
Não me esqueço de mandar rosas a ninguém.

Um animal em mim,
Na solidão, cão,
No circo, urso estúpido, leão,
Em casa, homem, cavalo...

Há um lado lógico, certo, irreprimível, vazio
Como um discurso.
Um lado frágil, verde-úmido.
Há um lado comercial em mim,
Moeda falsa do que sou perante o mundo.

Há um lado em mim que está sempre no bar,
Bebendo sem parar.

Há um lado em mim que já morreu.
Às vezes penso se esse lado não sou eu.

Sonho de uma infância

Meu sonho, breve emoção,
A tarde deitada no limoeiro,
Paralelas de aço se agarrando no longe.
Há muito tempo que fui infeliz
E desconhecia meu corpo embrulhado nas vestes.
Um cisne repetia o facílimo soneto do exílio.
Animais do ar esvoaçavam,
Flores se assustavam, muito altas, olhando o momento.
Nascia por nascer a vida tímida.
Os minutos respiravam cadenciados
Como a criança próxima à grande cachoeira.
Breve emoção da pedra, meu sonho
Ficava difícil,
Sol entre constelações remotas.
Sempre a palavra de um poema se perdia.
Um barco remava entre chamas, um coração se consumia,
A noite erguida apagava o meu desejo de pensar.
Vi como se desprende de um pântano a garça nua,
Vi a fantasia e a tristeza de meu ser.
Foi há muito, entre o mineral silencioso,
Há muito tempo que nasci da infância para crescer
Entre milícias douradas que marchavam cantando.

Deixarei meu destino como a pátria.
Renovando a aventura, reinarei entre vós,
Sonhos fiéis.
Sobe a fumaça na caligem de uma tarde chuvosa.
Sinto o aroma feliz do bife,

A friagem do ladrilho onde estraçalho um besouro,
O tinir da louça, a água caindo no zinco.
Estamos grandes, do tamanho de um defunto.
Morte, emoção de meu sonho,
Surda floresta que voa no vendaval e se esfacela.

Translúcido

Rosas raras no ar se alçavam puras.
Eu sonho que vivi sempre exaltado.

Amo os danos do mundo, quero a chama
Do mundo, vós, paixões do mundo. E penso:
Estrangeiro não sou, pertenço à terra.

Um céu abriu as mãos sobre o meu rosto.
Barcos de prata cantam vagamente.

Pensando, desço então pelas veredas
Do mar, do mar, do mar!
Sinto-me errante.

Que faz no meu cortejo esta alegria?
O tempo é meu jardim, o tempo abriu
Cantando suas flores insepultas.
Canta, emoção antiga, meus amores,
Canta o sentido estranho do verão,

Conta de novo para mim quem fui,
Vago aprendiz de mágico, abstrata
Sentinela do espaço constelado.
Conta que sempre sou, quem fui, menino.

A pantera do mar da cor de malva
Uivava sobre a vaga chamejante.
Eu sonho que vivi sempre exaltado.
Meu pensamento forte é quase um sonho.

Nos meus ombros, o pássaro final,
Íntimo, atroz, lirismo a que me oponho.
Quando a manhã subir até meus lábios
Suscitarei segredos novos. Ah!
Esta paixão de destruir-me à toa.

Hino à vida

Continuar a primeira palavra escrita,
Continuar a frase, não resigná-la
A temor, imperfeição, náusea,
Continuar com imenso trabalho
(Irreconhecível bosque do abstrato),
Doam os músculos e os cães ofeguem,
Continuar através do fogo e da água,
Em nome do fogo e da água,
Continuar desejando, farejando,
Por despeito e ambição continuar,
Não abrir muito os olhos,
Não cerrá-los demasiado,
Continuar por esta rua sem fé,
Como o cego devassado de um sol morto,
Como um anarquista de sensações,
Místico do prosseguimento,
Advogando a persistência, a engrenagem,
Continuá-las, ideia, sensibilidade, diferenças,
Porque não se pode parar,
Continuar com a paixão e sem ela,
Como um pugilista fatigado,
Com a disciplina da expedição guerreira,
A ferocidade histórica do saque,
Continuar, não desistir, não esmorecer,
Não refletir intensamente,
Acompanhando a órbita essencial da natureza,
Como os depósitos minerais,
A vida imperceptível do cristal,

A desagregação da vontade,
Como o crime caminhando, onde, quando,
O explorado por um sentimento,
Um camelo magro,
Continuar, ó máquina palpitante, ó vida,
A comiseração não refreie o nosso hálito,
Continuar como um jogador que perde
E se parar há de faltar-lhe alento e vida,
Continuar continuando,
Como um soldado em guerra,
Um mensageiro de tempo evangélico,
Um condenado à morte que-não-pode-morrer-antes-da-morte,
Um navio a fazer água,
Um rato, um gigante,
Porque seria perigoso demorar,
Ceder à tentação de um voo incalculável,
Porque a ideia do não continuar existe em nós,
Símbolo fechado, êmbolo de resoluções imprevistas,
Continuar, reação em cadeia de minutos incoerentes,
Chama que se alastra de momentos opacos,
Como os antepassados continuaram,
As águas míticas, o espírito da treva,
Continuar,
A despeito de humilhações, do medo,
Dos vagares do amor,
Continuar com as unhas, os pulmões, o sexo,
Sem medir a iniciativa e o resultado,
Sem comparar nossos poderes e os alheios,
Continuar como alguém, construindo e desmanchando,
Continuar como todas as ações continuam,
E no tempo se prolongam estranhamente,
Continuar porque não se pode senão continuar,
Emparedado em dois tempos,

Toda a podridão do remorso,
Toda a vontade de não continuar,
E querer continuar,
Árido este mundo,
Porque a vida é sempre a vida, a mesma vida.
Porque não se pode,
Porque, se parássemos, ouviríamos um estrondo
E depois, perturbados, o silêncio do que somos.

Em Belo Horizonte

Bem sei que era melhor para o rapaz
Ter fugido ao Narciso transparente,
Que neste parque já não sou capaz
De contemplar-me como antigamente.

Foram as noites por demais chocantes
À solidão de Anita Garibaldi.
Perto, rosas havia, agonizantes,
Mas perturbar-me inda busquei debalde.

Somos tristes no bem como no mal.
Não posso corromper-me assim à toa
E há muitos outros sonhos afinal.

Contudo, vale a pena se me assusto
Com os barcos que apodrecem na lagoa
E o musgo que assassina a paz do busto.

Poema de Paris

Sopravam ventos largos sobre a rua
Que vai de meu hotel até meu bar.
Mais longe, além do bar, surgiu a lua
Vulgar e triste sobre o bulevar.
Vous êtes triste? — perguntou-me nua
Uma sueca com que fui amar.
Triste de uma tristeza como a tua,
Como a lua no céu, triste e vulgar.
Sobre os Campos Elísios, cor de vinho
Chegava a madrugada… e seu carinho
Fez do luar, luar de Apollinaire —
Além do bar, da lua, da mulher.

O bêbado

Já vomita no mar a lua pálida.
Bondes trazem de longe a madrugada
E entre golfos de sombra resplandecem
Fantásticas piscinas de luz crua.
Os ruídos do dia vão nascendo
Da noite que abandona o céu. Tilinta
Real a campainha de um ciclista,
Dobra irreal o sino de um convento.
A própria luz a caminhar cicia
Nos trilhos azulados da manhã.
A espaços, o silêncio coagula
O soturno alarido da ressaca.
O bêbado caminha em direção
De um luzir qualquer no lusco-fusco,
Onde grita a luz fulva dos açougues.
Do mais alto beiral nasce uma pomba
Que voa rente ao asfalto orvalhado,
Ensurdecendo a claridade triste
Do bêbado. Do esforço alvar das vagas
Nascem as gaivotas tresnoitadas.
Cavalos mal dormidos vão surgindo
Nas esquinas, enquanto os operários
Passam numa cadência primitiva.
O bêbado quer morrer, se desfazer,
Andando sem vontade sobre a terra
Que oferece a seus pés o espaço hostil.
Seu ideal é simples, geométrico,
E o sorriso em que fala ao transeunte
É um sorriso de paz e de ironia.

Nós que andamos certos e orgulhosos na manhã
E nos apossamos do dia como nosso território natural,
Como entenderemos este ser obscuro
Cujos passos se extraviam e se afastam de nós
E se aproximam de novo e se perdem em atropelo.
Quando seu rosto se inclina para o chão
E outra vez se levanta com um sorriso de paz e de ironia,
Sentimos uma luz de mentira em seus olhos
E tontos de lucidez nos disfarçamos.

A pantera

Je ne sais quelle certitude d'être fatal.
Paul Valéry

Lady Macbeth, monstruosa e magnífica,
As patas de seda sobre as areias.

São outras aparências que procuro:
Pés que hesitam diante de um corredor,
Punho que estilhaça o espelho,
Palavra confusa que pouco a pouco se decifra.

Sofrimento e exaltação precedem a violência
Mas, quando a pantera respira sobre a gazela sangrenta,
Sinto eu a exatidão do gesto, a nitidez da vontade.
E me perco; porque imagino estranhas inocências.

Olha na rua em atropelo
A ferocidade melancólica do homem,
A alma pesada feito um móvel,
Suja de concessões que se alastram...
Um pouco de ar na praia, um copo de álcool,
O corpo na cama estrebucha um instante e tomba.
A mão apaga a luz, abre a sombra os olhos cegos,
Olhos da sinistra esperança.

Aqui ou ali, a pantera me espera,
A ti, talvez,
Antes que eu volte a ser real.

Canção romântica

Sol voltou todo molhado,
Foi secar-se no jardim.
Um anjo pobre e honrado
É quem me guarda de mim.
Encalha o barco na tarde,
Meu coração não é porto.
Dentro da noite é que arde
Um coração absorto.
E vai chover muitas horas
Sobre os dínamos cansados,
Geradores das auroras,
Geradores das auroras
Dos poetas estragados.

Cântico a Deus

O abismo da morte certa
Sempre terá mais delícia
Que a doce e fria malícia
De tua face encoberta.

Jamais fulgor tão constante
Perdeu meus passos no mundo
Mas quanto mais me aprofundo
Tu mais te ocultas distante.

Por que soberbo degredo
Toda vez que chego perto
De teu mistério deserto
Quero mais e tenho medo?

Que posso ter nesta vida,
Que paz, que porto, que pausa,
Se minha nítida causa
Perde-se em ti confundida?

Do caos sutil construíste
Uma fábula perfeita,
A certeza insatisfeita
De que existes; não existes.

O homem da cidade

Não falte tranquilidade ao homem do campo,
Não o devore o lobo esfomeado.
Possa plantar, colher,
Lavre o campo em sossego
Como o noviço esfrega as lajes do claustro.
Não o incomode o vento nas frinchas, o guincho do morcego,
O incesto não ameace a sua casa.
Ao dormir, durma sem sonhos
Como sem sonhos dorme o seu cavalo.
E espere a mão de Deus arrebatá-lo.

Ao homem do mar não falte emoção.
Duro dê-lhe o vento na cara, duro o sol,
Não o acovarde a lembrança, o presságio,
Não o envenene a mulher carinhosa.

Ame o conflito, a bebida, os ventos,
E possa compreender o santelmo,
A voracidade dos peixes violentos
E o naufrágio.

O visionário

All that I am I am not.
Stephen Spender

Debaixo dos lençóis, a carne unida,
Outro alarme mais forte nos separa.
Vai ficar grande e feia a mesma cara
Com que surgimos cegos para a vida.
Vemos o que não vemos. Quando, erguida
A parede invisível, o olhar para
De olhar, abre-se além uma seara
Muito real porém desconhecida.
São dois mundos. Um deles não tem jeito:
Cheio de gente, é só como o deserto,
Duro e real, parece imaginário.
Também dois corações temos no peito
Mas não sei se o que bate triste e certo
Vai reunir-se além ao visionário.

O TEMPO DA PALAVRA

Fragmentos em prosa

Nasci a 28 de fevereiro de 1922, em Belo Horizonte,
No ano de *Ulysses* e de *The Waste Land*,
Oito meses antes da morte de Marcel Proust,
Um século depois de Shelley afogar-se no golfo de Spezzia.
Nada tenho com eles, fabulosos,
Mas foi através da literatura que recebi a vida
E foi em mim a poesia uma divindade necessária.

Da casa em que nasci não me lembro nada.
Contam que via o demônio e o apontava na parede,
Alvoroçadamente, como se fora um anjo.
Minha vida começa em Saúde, arraial de minha infância,
De que cito algumas estampas essenciais:
Eu e Íris brincando no jardim.
Íris no caixão sobre a mesa escura.
A notícia do assassinato de meu tio Arquimedes,
Chegada cautelosamente no serão familiar,
Seu Rodolfo caçador com sua perna de pau
(Derrubou o cacho de cocos com um tiro),
Minha mãe, revólver em punho, procurando ladrão no quintal,
O leproso dos Correios que comia ovos cozidos,
A besta Mascote, a besta Mansinha,
Meu encontro com a morte de um tuberculoso em uma casa
[desconhecida,
O guizo da mula sem cabeça tilintando na várzea.
Lembro-me da partida sem pena.
Sempre parti sem pena.
Ainda hoje, quando subo os degraus do avião, do navio,

É sempre a mesma emoção, uma alegria doloridamente física,
Uma névoa infantil nos olhos, imitando as lágrimas,
Uma pulsação dentro de mim como antes de um beijo.

Não sei se foi feliz a minha primeira infância.
Não trouxe no coração uma saudade direta
E tive terror dos mascarados e do batuque noturno dos tambores.

Em Belo Horizonte,
Ao grito de "avião! avião!" corria para a rua em uma agitação de fim
[de mundo.
Quantas tristezas de sexo precoce eu tive!
Não sei como dizer de todas as aflições
Quando senti, como um alarme, a violência do corpo.
Muitos anos esperei em dor para ter nos braços a mulher
E quando penso nisso sinto uma vontade pesada de ajoelhar.

As primeiras letras. Meu ódio à disciplina.
O mistério do pátio das meninas.
Minha primeira paixão chamava-se Maria e usava tranças.
Minha segunda paixão chamava-se Maria e tinha olhos bonitos,
Minha terceira paixão chamava-se Maria.

Brincar de grande era a gente mesmo, a correr em cavalos de pau,
Brincar de pequeno era retirar da caixa as figuras recortadas
E tecer os enredos.
As fitas em série aos domingos: *O Grande Guerreiro!*
Os filmes de caubói: Bob Steele! Buck Jones!
Ruas de Nova York! Tempestade sobre a Ásia!
Os livros! A importância de retirar um livro da Biblioteca Pública!
Robinson, Gulliver, Dom Quixote! *O duplo assassinato da rua Morgue!*
Quando veio a revolução de 30 estava de braço quebrado.
As negras se arrastavam da Barroca até a Serra

E aí chegavam famintas, esfarrapadas, apavoradas.
Lembro de meu pai comprando e distribuindo alimentos no armazém.
Da Caixa D'água da Serra, aos oito anos,
Vi pela primeira vez um avião atirar bombas.
Nossas molecagens! Nossas maldades!
Furto de frutas! A incrível pontaria de Mário Carolla!
As brigas da quadrilha do Abrigo Pernambuco.
O desprezo pela polícia, as excursões ao Banheirinho.
As árvores não cresciam em nossas ruas,
A grama não pegava nos jardins,
As lâmpadas não ficavam nos postes.

O resto de coragem física em mim vem desses tempos.

O Colégio Arnaldo, aversão à matemática, nulidade em desenho,
O dedo imenso e estúpido do Padre Coqueiro...

Aos onze anos, armado de revólver, fugi de casa.

Foi o romancista Osvaldo Alves que me vendeu latas de conservas no
[armazém.
Em companhia de Georges e Aristeu,
Demandei Goiás em busca dos índios.
A primeira sede violenta,
O desconhecido amedrontando e tentando,
Cardoso, velho lenheiro, homem bom já falecido, que em sua casa na
[Mutuca nos deu cama de palha, café com broas e conselhos
[mansos:

Acho que vocês vão dar uma estopada, meninos. O mundo é grande!

Reprovado no primeiro ano ginasial,
Fui mandado para o colégio interno de Cachoeira do Campo.

Lágrimas convulsas na primeira noite.
Lágrimas depois em muitas noites.
Conheço a pusilanimidade, a traição, a delação.
Conheço a covardia, a bofetada de um padre.

Feroz e indisciplinado é o coração da infância.

Experiência da solidão:
Um grande pátio com uma paineira e um retângulo no alto
De estrelas.
A saudade à hora do crepúsculo estragou-me todos os outros
[crepúsculos.
Tragédias do sexo e da afeição
Tiveram apenas o testemunho irreal dos professores.
Minha rebeldia fez-me a vida infeliz.
Meu medo do inferno fez-me a vida infeliz.
Minha sensibilidade fez-me a vida infeliz.
Meu tempo de internato em Dom Bosco, durante três anos
[intermináveis, foi uma coisa infeliz,
[irremediavelmente infeliz, até hoje infeliz.

No segundo ano, segundo a linguagem salesiana,
Comecei a ficar tíbio; participava da *Société Impieté*
Como um de seus mais revoltados membros.

Devo a Mário Lúcio Brandão minhas primeiras conversas literárias.
Achávamos uma injustiça Abílio Barreto não pertencer à Academia Brasileira de Letras.
Não esquecer as férias e o esperar por elas;
O sorriso de conivência feliz e de vingança contra o assistente,
Quando a primeira horda de bichinhos de luz invadia o estudo da noite,
Prenunciando as férias.
Não esquecer os cigarros fumados sob o risco de *dez escasso*,

Não esquecer os tapas nas caras dos *xibungas*, dos *decuriões*,
Não esquecer nada que seja contra o Colégio Dom Bosco,
Nada que haja escapado à vigilância.
Nenhuma rebeldia.
Alunos fortes que desafiavam professores,
Putas-que-o-pariu na cara deles,
Nada esquecer,
Os que fugiam e levavam os nossos votos de boa sorte,
O ridículo de certos pe-da-go-gos,
A oratória besta de padre Benedito,
A vaidade de padre Alcides,
A cara cruel de *seu* Yzver,
A raposice de um, o lambdacismo de outro.
Não esquecer...
Não esquecerei nada.

Seu João Maria me chamava de Laplace:
Não me puniu quando me viu roubar laranjas.
Obrigado, *seu* João Maria.
Seu Vicente era manso e consolava os que choram.
Obrigado, *seu* Vicente.
Seu Gilberto era um ótimo sujeito.
Obrigado, *seu* Gilberto.
Era suave o perfume do eucalipto, suave era o ar,
Doces eram as laranjas, as ameixas, as jabuticabas,
Majestosos eram os pinheiros,
Frescas eram as águas nascentes,
Ásperos e belos os caminhos da montanha.
Coisas da natureza, obrigado, obrigado.
Obrigado, amigos meus.
Que contentamento deixar Dom Bosco e seus fantasmas!
Ah! Se pudesse levar apenas o aroma das resinas!
Que contentamento tomar o trem na antiga Hargreaves

E voltar à casa. Que alvoroço de abelhas voltar!
Foi em Georges Bernanos que li esta passagem que sempre me
[comoveu:

> *A honra e a pouca coragem que possuo herdei-as da criatura, hoje para mim misteriosa, que caminhava sob a chuva de setembro, através dos campos encharcados de água, o coração já cheio do próximo regresso, dos recreios fúnebres, onde a acolheria logo o negro inverno, dos refeitórios invadidos de um hálito gorduroso, das intermináveis missas cantadas, onde uma pequena alma fatigada só poderia compartilhar com Deus o seu tédio — criança que fui e que é hoje para mim como um antepassado. Por que, entretanto, terei mudado? Por que mudarei? As horas me são medidas, as férias vão terminar como sempre e o pórtico negro que me espera é ainda mais negro do que o outro.*

Em 1937, fui para o Ginásio de Santo Antônio, em São João del-Rei,
De sadios holandeses franciscanos.
Várias liberdades desconhecidas:
A de fumar,
A de pôr as mãos nos bolsos,
A de fazer rodinhas,
A de sentar-se nos recreios,
A de conversar com maiores e menores,
A de sair aos domingos,
A de namorar,
A de opinião.

Pouco a registrar.
O esporte,
As namoradas sem consistência,
Os primeiros amigos mortos, a desfiar um rosário de tristezas minhas,
Aplicação e desprezo pelos estudos,
Uma adivinhação de poesia nos florilégios estúpidos,

Estudos de gramática portuguesa
(*Nasóculos, quotiliquê, ludopédio*),
Romances: Júlio Diniz, Júlio Verne, Camilo, Coelho Neto;
Desorientadas e frustradas inquietações políticas e patrióticas;
A amizade dura de frei Godberto;
Orador do Grêmio Literário Jackson de Figueiredo;
A vontade de escrever uma coisa;
O medo da morte;
O medo do tempo.

Registrem-se ainda algumas ternuras da memória:
A voz grossa e rápida de frei Rufino,
A vaguidão de frei Lau querendo escrever com o charuto,
O irrepreensível frei Norberto,
O sorridente frei Virgílio,
Un tas de choses,
Coisas inocentes que gelam dentro de mim um bloco de saudade.

Ginasial — é o grau de instrução que tenho.
Em 1940, em Porto Alegre,
Aluno da Escola Preparatória de Cadetes,
Queria ser aviador.
Em dez meses de disciplina, de estudos bélicos,
De marchas, ordem unida, maneabilidade,
Manobrando fuzis e metralhadoras,
Não descobri dentro de mim, sob a farda, o soldado.
Fui definitivamente um paisano.

Elza era delicada e ia ser dentista.
Altamira apaixonou-me logo, muito branca de olhos verdes.
Uma judia guardei como lembrança de perfeição adolescente.
Também as decaídas inesquecíveis.
As putas são ásperas e guardam purezas intratáveis.

Os dias de acampamento ficaram inesquecíveis
Com suas estrelas
Suas alvoradas em cima do Guaíba,
E o brincar de guerra em correria pelos montes.
Inesquecível minha fuga, à noite, por uma corda
E os dez dias de cadeia que se seguiram
Ao lado de um colega de pincenê que lia ... *E o vento levou*.
Em Florianópolis, um catraieiro me salvou de morrer afogado.
Inesquecível.

A adolescência é um tribunal inesperado:
O julgamento do pai pelo filho,
O julgamento do filho pelo pai.
Nesse conflito de culpas, apreensões, incertezas,
Está o mistério dos caminhos da vida sempre errados.
Toda a perplexidade do homem cabe no encontro do pai e do filho,
Quando se encaram com um rancor de acusados à luz da madrugada.
Cabe às mulheres a melhor parte do amor e do sofrimento
Porque as mães não podem julgar.
Na ternura milagrosa das mulheres
É como se o filho não houvesse se desprendido do ventre —
E este é o mais simples e doce de todos os mistérios.

Em 1939, cursando o primeiro ano complementar de Odontologia.
Ainda tonto e feliz da liberdade, caí de amores.
Chamava-se Maria e era linda e magra.
Que sofrimento olhar o tempo quando se ama.
Só a lembrança de teu chapéu de palha, Maria,
Nas tardes cálidas do Minas Tênis me arrancaria muitas lágrimas.

Fantasiou-se de pirata no Carnaval e me deixou.
Morreu tuberculosa, de repente. Fui à missa de sétimo dia.
Desde então me arrepio quando escuto o *Dies Irae*.

Outra Maria. Maria Elvira.
Deu-me o carinho de suas pernas claras.
Obrigado, Maria.
Simpáticas como você há poucas.
Poucas têm olhos cinzentos tão lindos quanto os seus,
Poucas tanta fraqueza no desejo da carne como você.

Vem de longe, dos tempos de ginásio, o meu gosto pelo álcool.
Vem de mais longe talvez, de regiões oprimidas da infância,
De um ancestral incompetente, de uma horda de heranças infelizes,
Uma vontade de falar, de cuspir.

Folha morta, *déçà, délà,* fui arrastado pelas ruas
Na tranquilidade fresca da madrugada de Minas.
Havia um poder suicida em cada coisa:
O vento era uma coisa forte e me estremecia,
O azul era uma coisa forte e me estremecia,
A mulher era uma coisa forte e me estremecia,
A aurora, a tarde arrastando-se no quintal,
Tudo me estremecia e me empurrava para a vida e para a morte.
Em meus versos havia uma forca louca de poesia,
Nos pensamentos meus e alheios radiavam deuses violentos,
Em todos os meus gestos, uma grandeza pensada e magnífica.

Ó confusa adolescência! Já não entendo teu clamor,
Tuas vigílias, tuas angústias, as armas de teu combate.
Meu rosto está sereno quando penso em ti
Mas bem no íntimo tenho uma vontade de unhar-me,
De esbofetear-me, de morrer. Morreu contigo
O sol denso da tragédia. Morreu contigo
O pássaro rubro amigo de meu ombro. Morreu contigo
Uma palpitação, um frêmito constante. Morreu contigo
Meu inconformismo cruel, minha dignidade na desgraça. Contigo
A parte de mim mais infeliz e fiel.

À morte

1

Tenho olhos para não estar cego quando chegar,
Tenho mãos para pressenti-la no ar, quando chegar,
Quando de tudo que vivi chegar, todos os sonos e insônias,
De minhas devassidões, anseios, aborrecimentos,
Quando a grande e pequenina morte que carrego comigo chegar.
Não sou ninguém e nem deveria dizer que não amo a minha morte.
Mas foge de mim um bando de palavras incontidas.
Posso contemplar um rosto e não chorar,
Posso ver um dia nascer e morrer, e sorrir.
Mas eu fui feito para morrer. Morrerei tudo.
A cidade não adivinha o eco de meus pés dentro de um muro,
Meu amigo não sabe o que pensei quando me disse:
"Você se lembra dela?" — "Qual?" — "Aquela..."
Nem mesmo sei o que penso, nem sei o que adivinho
Quando sigo sem mim, praticando os gestos da vida.
(Posso amar muito o que os outros são
Mas nunca posso dedicar-me a tudo que sou.)
Veio ter comigo muitas vezes. Desceu ao ombro
Do menino. Veio de mãos dadas com o perfume
Das acácias, quando um piano insinuava
Uma coisa qualquer, e eu já não farejava na cidade
As minhas costumeiras mágoas.
Veio com a beleza e com a melancolia, bateu às minhas costas
Nas praias, nos píncaros, nas barbearias, nas salas de aula
Ou quando olhava, frágil de carinho, um cesto de peixes do mar.
Tocou os tambores das paradas militares,

Foi o vento que vi esvoaçar o véu da noiva,
Agitou no ar as bandeiras cívicas, inaugurou a estátua,
Inventou-me a ternura, a bondade, a minha fome.
Eu sou tudo ela.
Se a esqueço, não me esquece. E dorme em mim.
E sonha em mim os piores sonhos deste mundo.
Nunca pude dizer tudo o que eu quero
Porque ela não quer.
Meu verso se fez trôpego e medido
Por causa dela.
Meu riso se fez tímido,
Meus passos foram passos tortos de bêbado,
Minha sabedoria foi uma sequência de trevas,
Meus amores ficaram inconclusos,
Minhas afeições não valeram,
Minhas alegrias foram alegrias loucas de louco.

2

Vai comigo a morte, vou comigo à morte.

(Quando olho o mar eu me canso,
Se leio poesia me aborreço,
Quando durmo não descanso,
Se me embriago me entristeço.)

Exatamente do tamanho do meu corpo.
Dei por mim, e meus dedos estavam cruzados.
Havia um zumbido de moscas quando me deitei
E os círios pálidos nos meus pés mais pálidos.

Quando cheguei à boîte, ela me disse "boa-noite".
Quando saí: "Vou dormir contigo".
E eu lhe fizera caretas lúgubres quando a vi dentro do espelho.

Mísero e covarde,
Cheguei a amá-la,
Viva, inquieta, desatinada,
Cheguei a procurá-la
Nos cemitérios, nos teatros, nos campos de futebol,
E marquei a tinta vermelha nos livros o seu nome.

Nunca mais!

Morte, tens em mim tua vitória.

Sextilhas

Nunca me foi confuso o entendimento
De uma flor fecundada, a flor impura
Oferecendo ao pólen seu estigma.
De tudo há de surgir um sentimento.
Da pedra há de nascer uma flor dura,
Do mar há de saltar o peixe-enigma.
Vejo que o mundo escreve seu diário,
Não através de símbolos, segredos,
Mas imprimindo em tudo mil imagens
Soltas — palavras em um dicionário.
As coisas possuídas têm degredos,
As coisas castas têm muitas linguagens.

E eu viverei como viveu meu tio,
Como vivem palmeiras e andorinhas,
Deitado à lua como Endimião.
Que se entenda depois o meu vazio
E que se encontrem das ruínas minhas
Um torso, uma coluna, uma inscrição.

Os dias

Entre o granito,
Niterói, as ilhas, o Forte São João,
Ia eu vivendo as outras coisas.
Ritmo de remo,
Risco de um voo de ave,
Reflexo de peixe,
Ramo de rosa brava na barranca de um rio.
A fonte está seca
Mas a linguagem da tarde permanece,
Porque um dia tem sempre outro dia
A esperá-lo, e recompô-lo, e redimi-lo,
Fotografias velhas à luz de outros momentos.
Não posso dar um nome ao dia,
Chamá-lo Pedro, Paulo, Sexta-Feira,
Sem sentir a tristeza da mentira.
Porque os dias se abrem e se repartem.
Porque os dias passam e deixam as verdadeiras visões.
Porque os dias são às vezes as palavras
Do discurso da morte em nosso peito.

Lápis-tinta

Se eu levar este poema de encontro a meu peito
E apertá-lo contra o coração,
Ele ficará impresso em minha carne
Com as suas imagens invertidas,
Mais indecifrável do que nunca.

— Mas não deixará de ser um poema.

Definição

O tempo não é a fonte
Jorrando dois jatos d'água
De uma carranca bifronte

Não é pesado nem leve
Não é alto nem rasteiro
Não é longo nem é breve

Nem tampouco o passadiço
Suspenso entre dois vazios
Como frágil compromisso

O tempo é meu alimento
Meu vestido, meu espaço
Meu olhar, meu pensamento.

Quadro

Fique na flor o perfume
Fique no mar o infinito
Fique no amante o ciúme
No silêncio fique o grito
Fique nos lábios um beijo
Fique Londres na Inglaterra
Fique no beijo o desejo
Fique eu triste cá na terra
Fique o morto em outro mundo
Fique no bosque o gigante
Fique o Y de Raymundo

Fique o peixe em água pura
Fique o pássaro na rama
Ficas bem na minha cama
Como o quadro na moldura.

Amor do jardim

Sempre é cedo para dizer teu nome, meu amor,
Amor puro do jardim,
Amor à luz da lâmpada, pensativa,
A eletrola solene e ampla
Dentro da noite armada de estrelas além da folhagem.
Me lembro mais de ti, rindo-se de meiguice,
Os cabelos molhados, desfeitas as flores que levavas,
Do que depois da chuva, com os raios do sol,
Muito real o sol,
Ou a lua, imaginária demais para as tuas vontades.
A fatalidade também do reino vegetal
(*Voici des fruits, des fleurs, des feuilles et des branches*)
Com a surpresa das flores, o devaneio das lianas,
O mistério antigo e forte do perfume.
Deu-se em nossa vida uma geometria inesperada,
Uma poesia muito definitiva de botânica,
Com seus enredos de caule, de estame, de corola,
Com um significado indireto de perfeições adivinhadas.
Quantas vezes surpreendeu-nos a luz branca da camélia,
A mensagem do jasmim-do-cabo esparsa no ar,
O soneto da rosa desfolhado na relva.
Sombra, recôncavo,
Linguagem tépida de gineceus...
Aprendemos a suspeitar muita coisa, cada coisa,
A raiz pobre nas fendas do muro encardido,
A melancolia suburbana do gerânio.
Nós dois: seres vegetais entre os arbustos
(Jacinto, angélica, amaranto, cravo, zínia, tulipa, dália,

Violeta, hortênsia, junquilho, miosótis, lírio, begônia)
A buscar o fogo que as raízes bebem nas profundezas para fazê-las,
As flores.

O poeta no bar

Que fazer de um instrumento,
Violoncelo, fonte, flauta,
A busca um sofrimento
Que se encontra além da pauta?
Quando perdemos a voz,
Fala de nós e por nós
O personagem sem medo
Cujas palavras de olvido
Compõem o outro sentido
Do segredo de um degredo.

Tudo que rói e escalavra,
Dente de marfim do mar,
Faca do vento a passar,
Lembra a busca da palavra.
Só conhecer a ciência,
Malarmaica paciência,
Capaz de achar a vogal
Que surde empós das toantes,
Escandidas consoantes
De uma pausa musical.
Estas horas perdoadas,
Perdidas de quem nos ama,
São aflições combinadas
Às pantomimas do drama.
Um filamento de riso
Liga o inferno ao paraíso.
Se a noite esconde as estrelas,

Pode um palhaço brilhante
Dar um salto tão distante
Que seja digno de vê-las.

Esse arlequim de pintura
Vai surgir aqui, apenas
Compare a sua figura
A minhas roupas terrenas.
Vão surgir do saltimbanco
Perfil, fronte, face e flanco.
Vou sofrer por artifício
O silêncio desta mesa
Que me exila na clareza
De meu puro sacrifício.

Recife em mar de presságio,
Um poema não tem porto,
Vaga que devolve o morto
Às areias do naufrágio.

Os dias da semana

Os dias da semana são crivados de enigmas,
De ansiedades vãs e de abandonos.
A segunda-feira vai trazer para a fruteira
Um cacho de bananas — com a emoção comum das coisas.
Terça-feira não tem espetáculo, talvez nem mesmo
Sopre de tarde a viração das grinaldas.
Quarta-feira, iremos ao Encantado, visitar um tio
Que foi marinheiro e quase morreu na guerra.
Quinta, quinta há de ter insetos na serra,
Há de ter um gigante no bosque, um gigante
Com um sorriso de menino.
E todas as adivinhações anteriores
(Um homem esperando um bonde
Um bonde maior que o mundo
O sentimento de onde
E o de quando mais profundo)
Vão preparar a cama nupcial da sexta-feira,
Que vai ser dia de amor. Ela se parece, digamos,
A uma dessas ruivas das margens do Reno,
De pernas fortes, riso aberto e seios pequenos.
Depois, sempre existe o sábado com o seu espaço dourado,
Suas opalas, o sábado certo e desmedido,
O sábado que descansa a nossa vida inteira.

Só o domingo não é um dia da semana,
Só o domingo é
Alto e anterior ao calendário,
Só o domingo pertence

Ao que é invisível no homem, indivisível no homem,
Só o domingo se põe como um cavalo vermelho
Sobre as nuvens do Rio de Janeiro.

Em face dos últimos mortos

Os que morrem se tornam os meus maiores amigos. É horrível contemplar os que amo cobertos de flores. No entanto, desde o momento em que alguém me diz "morreu", ele se incorpora entre outros, em uma perfeição de sentimentos.

O que morreu tem o seu lugar marcado em minha vida. Já não há entre nós a possibilidade de um aperto de mão, de um rancor, de uma carta extraviada, mas uma concordância de renúncias e propósitos. Sempre prometo a meus mortos que morrerei também, poupando-me a mágoa de ser feliz.

A eles não levo flores, apenas ofereço-lhes a minha própria morte. A penumbra em que repousam é a minha penumbra; a solidão que alardeiam é a solidão que escondo; esse mesmo círio há de estalar sobre a minha cabeça; as frases de pedra, em latim, são sempre as mesmas; e a grande e inexplicável lua dos mortos é a grande e inexplicável lua que vai de minha infância à minha campa.

Muito cedo quis aprender o ofício de morrer, de confundir-me com os mortos no mesmo absurdo espanto, no mesmo terror. O que dei de mim aos vivos, foi pouco e confuso; o que dou de mim a eles é o que recolhi da vida e agradeci à terra: a composição de um momento, por exemplo, à beira de um rio, tarde apenas habitada por uma estrela, incomensurável e frágil compreensão do mundo.

Minhas tardes, minhas manhãs, as eleitas entre todas, as que conservei como cartas de amor, pertencem aos mortos. Eu as deposito sobre as suas pálpebras como um ramo de angélicas. Morrem em mim as tardes, as manhãs, quando eles morrem. Guardá-las seria ofender o morto, quebrar o pudor dos que se retiraram mais pobres do que vieram. Teço também uma coroa de afeições para os seus lábios; ponho em suas mãos meus carinhos vividos; coloco a seus pés os caminhos que percorri, atribulações e alegrias do espaço, mais impenetráveis talvez do que os dias perdidos. Olho depois os meus pés imóveis, já desanimados de caminhar.

Desfeito de minhas riquezas, já do tamanho de um defunto, lívido e abandonado como o próprio morto, posso descansar um pouco e conversar com ele.

Com que miserável ternura recordamos nossos hábitos passados! Ah, que simples e amável mistério era beber entre amigos no fundo de um bar enquanto chovia! Aquele teu modo de tossir ao despertar... Teu pijama vermelho era horrendo, que fazer! desde menino dizias ter sonhado possuir um dia um pijama vermelho. Nunca mais farás planos de viagem. De que adiantaria agora ir olhar a primavera em Paris!

Nós, os mortos, sorrimos no fundo de um poço. Os jornais, as estações de rádio, os ventos, as aves migradoras, já não nos informam nada. A injustiça permaneceu na terra, e é injusto também estar morto. Temos apenas segredos a contar, uma indiscrição a dizer. Ficava furioso quando fazias uma canastra real. Aquela mulher foi tua ou não foi?

E à noite... Bem, as noites não posso ofertá-las porque sempre foram dos mortos. Seus elementos armaram sobre as cidades, os campos e os mares o eterno catafalco. As estrelas crepitaram em todos os velórios.

Morto, morto de minh'alma, boa noite. Vou recomeçar os trabalhos abjetos e os dias ruins. Muito mentirei mas não mentirei a ti. Estarei contigo, de surpresa, nos meus inexpugnáveis silêncios, na sombra de meus espelhos, em meus retratos velhos, em meus cabarés vazios. Prometo usar sempre tua morte em minha lapela, como um distintivo, o teu sinal, o meu sinal.

Falarei de tua morte em meu jeito de comer e de beber, em minha roupa, em meus cabelos. E quando morrer de todo, alguém há de murmurar: "a minha vez...".

A fugacidade de todas as coisas

Aquele imperador apresentava constantemente a si mesmo a fugacidade de todas as coisas a fim de não as tomar demasiadamente a sério e entre elas permanecer tranquilo. A mim, pelo contrário, tudo me parece ser demasiadamente valioso para que pudesse ser fugaz. Busco uma eternidade para cada coisa: por acaso deveriam ser atirados ao mar os mais preciosos unguentos e vinhos? É meu consolo que tudo quanto foi é eterno: o mar voltará a atirá-lo sobre a margem.

Nietzsche

A ilusão? O engano? Usarei a palavra contra a evidência: a certeza. Queria dizer o seguinte: ao deitar-me, suaviza-me a certeza de que o meu passado existe em algum lugar. Essa é a constante mais desarrazoada de minhas imaginações. Mas não tem o exaspero dos que se quebram de encontro ao fato consumado, é uma unção, um sentimento de inocência, uma certeza.

Quando pedia contas ao tempo, em minha adolescência, a náusea me desnorteava. Essa necessidade, fundamental em mim, de não perder o tempo, de transformá-lo em espaço, era forte como a loucura. Inclinei-me sobre os livros. Anotei em um caderno o desenvolvimento algébrico de meu desespero. É que o adolescente não é um poeta, é uma vítima da poesia. A lógica com que procurara salvar do naufrágio o meu passado levou-me ao limite extremo do abismo-lógica. Singular é que o presente só me interessava pela sua possibilidade de converter-se em passado, e assim, aparentemente, o exercício de viver só poderia ser para mim um cansativo comércio com a morte. Perdendo o minuto que passa, podia preservá-lo, recolhê-lo entre as minhas lembranças, e só então apreender a sua fulgurante autenticidade. Confesso que mesmo o futuro, o que ainda não se transfigurou em saudade, pesava-me como se fosse vida esperdiçada.

Existiria nesse procedimento sombrio um desejo velado de suicídio? Não creio. Existia apenas a prefiguração da calma que hoje me faz amável o momento definitivo que precede o sono, quando, em alguma parte, sei que o meu passado me espera e me convida e me dispensa de tantas realidades inacreditáveis. Porque o excesso de consciência é como o excesso de luz. O fulgor obsessivo do presente fatiga alguns espíritos. Os objetos que se colocam em meu ângulo de visão, por simples e familiares que sejam, me obrigam a um excesso de concentração mais do que fisicamente doloroso. É como se estivéssemos no teatro, assistindo a uma peça conhecida, justamente no momento em que nos crispamos para ver o personagem praticar o seu irreparável erro. Por outro lado, se fechando os olhos e os outros sentidos, deixo que me trabalhem a dor que me ocupa, a alegria que me movimenta, a ideia que me diverte, a ideia, a dor, a alegria me penetram, me preenchem, e me incompatibilizam com os gestos que me forço a fazer para continuar vivendo. Digo ainda: o mais simples e familiar, enquanto ainda permanece duramente representado em minha consciência, é o que mais me paralisa e, se assim posso dizer, o que mais me irrealiza. Dou um exemplo: vejo agora a parede áspera de um edifício. No instante em que a vejo é como se ela também me visse, negando, consequentemente, a vida de meu ser. Para que eu volte à vida, devo retribuir a esta parede a sua natureza de lembrança, única dimensão em que as coisas não me negam. Acredito assim que o mundo exterior seja formado de lembranças.

O passado é o espaço de cada um. O que aconteceu é tarefa já cumprida, a vida que se obteve de percepções ilusórias, o reino tranquilo dos demasiadamente emotivos. O que aconteceu já é eternidade.

Eis por que estremeço todas as manhãs, quando o mundo se impõe a mim outra vez. No decorrer de um dia há ciladas suficientes para que o passado de um homem se transforme com violência. Preciso viver com atenção, escolher os meus passos, trocar esse gesto por aquele, dizer essa palavra e não aquela, silenciar, ver, sentir, para não comprometer o que vou inventando para a memória.

Admito, no entanto, que às vezes o presente já tenha, em toda a sua evidência, uma suavidade de lembrança. São raros momentos. Esse campo que vejo ao entardecer, plantado de um milharal que acabou de pendoar, com esse braço de rio barrento, essas vacas sólidas e plácidas, a linha dos eucaliptos na fímbria de um outeiro, onde se armou um aro azul, o único halo azul-azul de um céu cor de chumbo, tudo isso veio encontrar-me em uma tal limpidez de alma, em um tal despojamento das ambições e dos medos em que nos destroçamos, que não consigo mais distinguir aquele fulgor obsessivo de que falava. Tem uma suavidade de lembrança. Possivelmente é uma lembrança. Já não sou eu que lembro e configuro as coisas: sou lembrado. Esse momento ao entardecer se lembra de mim e talvez guarde em uma dimensão ignorada a imagem do que sou atravessando esse campo e refletindo todos os seus símbolos em uma quase-perfeição. Me acomodo em uma gratidão feita de serenidade porque o meu passado de repente se lembrou de mim e veio ver-me. A despeito de minha miséria, dos meus olhos turvos, alguma coisa em mim merece às vezes esse milagre. E eu o conservo como um amuleto que me protegesse do desastre cotidiano.

Ela

Uma vez, em Porto Alegre,
Em um azul de verão,
Vi um armador alegre
Burilar o meu caixão.
Lixava a tábua, pregava,
Com amor e exatidão.
Com ternura forrou tudo
De veludo e de algodão,
Pregou rebites dourados
Nas quinas de meu caixão.
Seu bico adunco soprava
Um pobre tango-canção.
Se o assovio parava,
Parava o meu coração,
Castigado pelo frio
Dessa tarde de verão.
Fingia que não me via
Imantado de emoção,
Fingia que não ouvia
Bater o meu coração.
Gozando a minha paúra
Caprichava no caixão,
Quis a madeira bem dura
E leve a decoração.
Ah, seis lados tem a morte,
Tem seis alças de latão,
Onde seis amigos fortes
Um dia se agarrarão.

Uma vez em Porto Alegre,
Em um azul de verão,
Fiquei triste, fiquei bêbado...

Crucificado nas garras
Da terceira dimensão.

Sermão do diabo

Bem-aventurados os aleijados porque não distinguem as proporções dos sentimentos morais e desenham triângulos tortos na areia.
Bem-aventurados os cegos de nascença porque rangem quando rangem nas curvas os astros do cosmos sem música.
Bem-aventuradas as mulheres feias porque trocam sinais com a Via Láctea e são tangíveis a todas as semáforas.
Bem-aventurados os que morrem nas catástrofes ferroviárias porque a vida foi de repente a sinistra aventura.
Bem-aventurados os desequilibrados líricos porque inventam tristes gnomonias.
Bem-aventurados os que perdem os filhos porque, incendiados, são hábeis em distinguir a estrela do naufrágio.
Bem-aventurados os mendigos porque pertencem às searas mitológicas.
Bem-aventurados os suicidas porque chegam de armas na mão ao outro lado.
Bem-aventurados os indigentes porque resumem as misérias da poesia.
Bem-aventurados os bêbados sem remédio porque se extinguem no crepúsculo como o carvão.
Bem-aventurado o que alimenta um mal secreto porque pode telefonar à hiena e convidá-la para jantar.
Bem-aventurado o indivíduo que tem o rosto deformado porque pode olhar a morte nos olhos e interrogá-la.
Bem-aventurados enfim todos os homens, todas as mulheres, todos os bichos, bem-aventurados o fogo e a água, bem-aventuradas as pedras e as relvas, bem-aventurados o Deus que cria o Universo e o demônio que o perdoa.

Josette

Colunas de teu corpo. O real
Das coxas longas onde se implanta o ventre
Leve. O branco do seio
Dando o leite do sonho ao animal
Da noite acostumado a sofrer sede.
Teu perfil tem a linha imaginária
Das mais felizes frases literárias.
És quem tu és, és a rosa e o rosicler.
Quando caminhas vais frisando a rua
De uma eloquência clara de escultura.
És sol agora, ontem na praia foste a lua.
És tudo o que quiser o meu poema,
Mas não és o orvalho que roreja nem és pura.
Possuis a elegância de uma ave
De pés espapaçados (as mais belas)
E tens do mar o frescor suave e a voz tão grave.
Como a vaga empinada que se espraia
Abres equestres movimentos no vento. Teus cabelos
São as últimas lembranças lúcidas que me restam.
Calmarias de ilhas verdes, teus olhos,
Ah,
São teus olhos.

Pesquisa

Tempo é espaço interior. Espaço é tempo exterior.

Novalis

A gaivota determinada mergulha na água
Verde. Há um tempo para o peixe
E um tempo para o pássaro
E dentro e fora do homem
Um tempo eterno de solidão.
Muitas vezes, fixando o meu olhar no morto,
Vi espaços claros, bosques, igapós,
O sumidouro de um tempo subterrâneo
(Patético, mesmo às almas menos presentes)
Vi, como se vê de um avião,
Cidades conjugadas pelo sopro do homem,
A estrada amarela, o rio barrento e torturado,
Tudo tempos de homem, vibrações de tempo, vertigens.

Senti o hálito do tempo doando melancolia
Aos que envelhecem no escuro das boîtes,
Vi máscaras tendidas para o copo e para o tempo,
Com uma tensão de nervos feridos
E corações espedaçados.
Se acordamos, e ainda não é madrugada,
Sentimos o invisível fender o silêncio,
Um tempo que se ergue ríspido na escuridão.
Cascos leves de cavalos cruzam a aurora.

O tempo goteja
Como o sangue.
Os cães discursam nos quintais, e o vento,
Grande cão infeliz,
Investe contra a sombra.

O tempo é audível; também se pode ouvir a eternidade.

Repetição do mundo

De repente, a caminho da cidade,
Ocorreu-me a náusea do mundo.
Quis obter uma informação de mim mesmo, de alguém,
Mas me ocorrera a náusea do mundo, como nascimento e morte.
Pobre, oprimiu-me o coração a pedra da distância.
Fiquei cego e mutilado em uma esquina do mundo,
Cachorro cego, gato mutilado, forma quebrada.
O sol esplendia com uma tristeza furiosa sobre o granito.
Eu ia caminhando dentro de minhas roupas
E deixava de nascer dentro de mim a flor aristotélica.
Acendi um cigarro sem interesse em uma esquina do mundo
E a bola de fogo a que chamamos vida, de repente,
Deixou de luzir e quedou-se indiferente.
Talvez no alto das colinas do Rio de Janeiro
Os vegetais comungassem com o mundo,
Talvez o jogo do pássaro com o ar, da brisa com o deserto,
Talvez esses jogos do mundo continuassem,
Talvez ali mesmo uma alma se abrisse a esses jogos do mundo.
Mas para mim todos os símbolos a que chamamos vida
Não jogavam, não se articulavam em mim naquela esquina do mundo.
Eu era a Coisa a que de repente ocorrera o Opaco,
O enjoo do mundo, a repetição do mundo,
Era um homem contaminado de mim mesmo,
Um homem apenas fabricado para a repetição do sofrimento.
Se houvesse um cão ali naquela esquina,
De ver um animal assim tão espoliado,
Haveria de ladrar a meus pés e morder-me a carne.
Era um homem usado, o contrário de um homem,

A sombra da sombra de um homem.
Nem me chegava a queimar a mágoa de existir:
Meu ombro registrou apenas um pássaro de terra.
A cidade surdia absurda.
E porque um homem de repente não é um homem
E contempla as mãos inúteis
E tem vontade de vomitar sobre as próprias vestes,
Ele se perdeu um pouco de seu caminho
(Esse resto de homem que eu era)
E aquilo seguiu, manequim obsceno
(O sol surdia absurdo)
Homem esbofeteando o homem
Enquanto não desabrochava a flor aristotélica.

Infância

Há muito, arquiteturas corrompidas,
Frustrados amarelos e o carmim
De altas flores à noite se inclinaram
Sobre o peixe cego de um jardim.
Velavam o luar da madrugada
Os panos do varal dependurados;
Usávamos mordaças de metal
Mas os lábios se abriam se beijados.
Coados em noturna claridade,
Na copa, os utensílios de cozinha
Falavam duas vidas diferentes,
Separando da vossa a vida minha.
Meu pai tinha um cavalo e um chicote;
No quintal dava pedra e tangerina;
A noite devolvia o caçador
Com a perna de pau, a carabina.
Doou-me a pedra um dia o seu suplício.
A carapaça dos besouros era dura
Como a vida — contradição poética —
Quando os assassinava por ternura.
Um homem é, primeiro, o pranto, o sal,
O mal, o fel, o sol, o mar — o homem.
Só depois surge a sua infância-texto,
Explicação das aves que o comem.
Só depois antes aparece ao homem.
A morte é antes, feroz lembrança
Do que aconteceu, e nada mais
Aconteceu; o resto é esperança.

O que comigo se passou e passa
É pena que ninguém nunca o explique:
Caminhos de mim para mim, silvados,
Sarçais em que se perde o verde Henrique.
Há comigo, sem dúvida, a aurora,
Alba sanguínea, menstruada aurora,
Marchetada de musgo umedecido,
Fauna e flora, flor e hora, passiflora,

Espaço afeito a meu cansaço, fonte,
Fonte, consoladora dos aflitos,
Rainha do céu, torre de marfim,
Vinho dos bêbados, altar do mito.
Certeza alguma tive muitos anos,
Nem mesmo a de ser sonho de uma cova,
Senão de que das trevas correria
O sangue fresco de uma aurora nova.
Reparte-nos o sol em fantasias
Mas à noite é a alma arrebatada.
A madrugada une corpo e alma
Como o amante unido à sua amada.
O melhor texto li naquele tempo,
Nas paredes, nas pedras, nas pastagens,
No azul do azul lavado pela chuva,
No grito das grutas, na luz do aquário,
No claro-azul desenho das ramagens,
Nas hortaliças do quintal molhado
(Onde também floria a rosa brava)
No topázio do gato, no *be-bop*
Do pato, na romã banal, na trava
Do caju, no batuque do gambá,
No sol-com-chuva, já quando a manhã
Ia lavar a boca no riacho.

Tudo é ritmo na infância, tudo é riso,
Quando pode ser onde, onde é quando.

A besta era serena e atendia
Pelo suave nome de Suzana.
Em nossa mão à tarde ela comia
O sal e a palha da ternura humana.
O cavalo Joaquim era vermelho
Com duas rosas brancas no abdômen;
À noite o vi comer um girassol;
Era um cavalo estranho feito um homem.
Tínhamos pombas que traziam tardes
Meigas quando voltavam aos pombais;
Voaram para a morte as pombas frágeis
E as tardes não voltaram nunca mais.
Sorria à toa quando o horizonte
Estrangulava o grito do socó
Que procurava a fêmea na campina.
Que vida a minha vida! E ria só.

Que âncora poderosa carregamos
Em nossa noite cega atribulada!
Que força de destino tem a carne
Feita de estrelas turvas e de nada!
Sou restos de um menino que passou.
Sou rastos erradios num caminho
Que não segue, nem volta, que circunda
A escuridão como os braços de um moinho.

Rei da ilha

No fim da rua, um pônei rubro, rubro.
No fim da tarde, um muro escuro, um muro.
Descubro alguma coisa mais? Descubro:
Um coração impuro, tão impuro.

Querer guardar este sinal (querer)
De que minh'alma não morreu? Morreu.
Ser ou não ser como essa tarde (ser)
Que apareceu e desapareceu?

Ser como a tarde que voltou, voltou
Além de meus enganos, muito além...
Eu vou por um país, por onde eu vou,

Onde existe uma ilha, a minha ilha,
Ali não há ninguém. Ninguém? Alguém
Regressará por mim, ó minha filha.

"If"

Meu filho, se acaso chegares, como eu cheguei a uma campina de horizontes arqueados, não te intimidem o uivo do lobo, o bramido do tigre; enfrenta-os nas esquinas da selva, olhos nos olhos, dedo firme no gatilho.

Meu filho, se acaso chegares a um mundo injusto e triste como este em que vivo, faze um filho; para que ele alcance um tempo mais longe e mais puro, e ajude a redimi-lo.

A prostituta

Quando a noite pare em sangue a madrugada
As constelações se desorganizam
As nuvens se encapelam
Quando os guindastes do porto se espreguiçam
Os muros do fortim alvejam
O caçador submarino já pode olhar nos olhos
O mero adormecido
Quando a fome come a criança da colina suja
Os bichos humanos chegam à lavoura farejando a névoa
Os passageiros do ar visitam a lua nova
O seringueiro não sorri
O porco não sorri
Não sorri não sabe rir nunca soube rir
Como não sabe rir a formiga
O pedregulho
O mendigo
O bode rupestre de falésia aguilhoada
Quando a noite se encerra e há uma pausa
O membro do marido emurchece no lençol
Quando o Nilo estende as suas barbas velhas ao sol
Quando o rio Amarelo silenciosamente dá as cartas
O Don abre seus braços aos trigais
O Amazonas apodrece
Quando o riacho acorda o homem descalço
Quando o rio todos os rios vão recuperando a memória
E contam sussurrando
A história do mastim do lorde
O chicote do dono

A botina do polícia
O gancho do corsário
O milionário tumefato com uma luz no ventre
A metamorfose do chacal
Quando os rios se recordam
E vão contando
Sussurrando
Conspirando
Enlaçando as cidades frias e cálidas
Enlaçando os campos
Como no tempo de faraós possessos que uivavam
Dos profetas de longas barbas sujas
Como no tempo dos cantochões do convento
Do archote ao pé do cadafalso
Milhões de homens milhões de batalhas milhões de febres
Milhões
Milhões de ratazanas históricas
De escravos
De crucificados
É quando
O rio se lembra com dificuldade
(Ela que foi pura)
E vai cuspindo restos de lágrimas e lama
E se envergonha e quer morrer
É quando a prostituta se entreabre sobre a cama
E se fecha
E fica surda ao apelo do rio
E se entreabre devagar
E se fecha
Túmida flor que provocasse a náusea
Sentreabrindo
Se fechando
Opaca surda grossa

Na menstruação dolorosa de um grito que se fecha
No retraimento obsceno de um membro que emurchece
Então é quando a prostituta deveria sentar-se à margem do Hudson
E chorar
Chorar as lágrimas todas de seus olhos
De seus ouvidos
De suas narinas
De sua vagina
De suas mãos, de seus pés
Chorar as vezes que não chorou
Chorar o sangue o mênstruo o leite
Chorar como os rios choram sem tempo e surdos
Como o conde Ugolino
As santas estigmatizadas
Chorar como choram os mendigos
Um pranto sujo
Um mênstruo rude
Um leite envenenado.

4 de maio

(No dia 4 de maio de 1955, em Paris, estando repousando à tarde no quarto de um hotel da rua Montalambert, e ouvindo tocar os sinos da Igreja de são Tomás de Aquino, levantei-me da cama e escrevi este poema. Dias depois, verifiquei que o poeta Apollinaire se casou a 4 de maio de 1918.)

Na Igreja de são Tomás de Aquino
Meu bom Apollinaire se casou,
De manhã, de tarde, não sei,
Seu coração se alvoroçou.
Doeu no ar o som do sino
Quando Apollinaire se casou.
Não se vê se o tempo passou.
Sei que me dói o som do sino
De quando Guillaume se casou.
O sino bate, o sino fere, o mesmo sino
De quando a Grande Guerra terminou.
Próximo a são Tomás de Aquino
Um quarto de hotel me fechou
Quando em mim caiu o sino
Que para as bodas soou.
Na Igreja de são Tomás de Aquino
Meu coração não repousou.

Balada com porcos negros

(Trinta dias antes de ser assassinado, García Lorca narrou a Pablo Neruda o episódio aqui versificado.)

Un agneau se désaltérait
Dans la courant d'une onde pure.
La Fontaine

Há poetas que escrevem
Seguindo pelo caminho.
Ah, bons caminhos os levem!
Têm a medida do espaço
Do homem, têm o compasso
Do passo do passarinho.

Hoy siento en el corazón
¡Un vago temblor de estrellas!

Por um caminho seguia
Federico, em Catalunha
Ou talvez Andaluzia.
Apagavam-se os círios,
Os delíquios, os delírios
Do céu. Ele achava os lírios,
Rindo à luz que os esparzia.

Pero mi senda se pierde
En el alma de la niebla

Sabemos pouco demais
De um punhal que leva a gente
Ao aço de outros punhais,
Pouco do rio, do mar,
Das galerias do ar,
Da emboscada de um jaguar,
Dos segredos da serpente.

Qué antorcha iluminará
¿Los caminos en la Tierra?

Parou ao céu da campanha,
A alma crucificada,
Em pé, no mapa de Espanha.
La Coruña a noroeste,
San Sebastián a nordeste
E Sevilha a sudoeste.
Seu coração em Granada.

Si el azul es un ensueño
¿Qué será de la inocencia?

Foi de Granada que veio
Uma brisa azul, azul,
Dividindo-o pelo meio.
Teu caminho é o Norte,
Disse a brisa, pois a morte
No Sul traçou-te a sorte.
Rindo-se, ele disse: O Sul...

¡Corazones de los niños!
¡Almas rudas de las piedras!

Sentiu-se só. Um cordeiro,
Que pastava ali doçuras,
Veio ser o companheiro
De Federico, o suave,
A mais doce, a menos grave,
A mais gentil, a mais ave
De todas as criaturas.

Será la paz con nosotros
Como Cristo nos enseña?

A paz ali se assentava.
A morte não era nada.
Um cordeiro sustentava
O galho preso ao carvalho,
A folha presa a seu galho,
Na folha, a gota de orvalho.
E a morte presa em Granada.

Qué será del corazón
¿Si el Amor no tiene flechas?

Pouco se sabe na terra
Da potestade do inferno
Que, secreta, lhe faz guerra.
Na barranca amanhecida,
Uma ovelha desvalida
Resumia o tempo, a vida
E o frescor novo do eterno.

La nieve cae de las rosas
Pero la del alma queda

Federico da planície
Viu surgir dois porcos pardos,
Negros de sua imundície.
Ai a carne destroçada!
Ai pureza devorada!
Ai cordeiro de Granada!
Ai as garras dos leopardos!

Todas las rosas son blancas
Tan blancas como mi pena

Dentes duros de suínos
Rasgando a lã da inocência!
Ai focinhos assassinos,
Ai misérias de quem ama!
Ai sangue sujo de lama!
Ai terrível epigrama
Da sinistra confidência!

Y si la muerte es la muerte
¿Qué será de los poetas?

Repito a verdade estranha,
A visão crua, desnuda,
Deu-se nas terras de Espanha:
Um cordeiro branco, branco,
Devorado num barranco
Por negros porcos de Franco.

Quem me contou foi Neruda.

O DOMINGO AZUL DO MAR

Poema didático

Não vou sofrer mais sobre as armações metálicas do mundo
Como o fiz outrora, quando ainda me perturbava a rosa.
Minhas rugas são prantos da véspera, caminhos esquecidos,
Minha imaginação apodreceu sobre os lodos do Orco.
No alto, à vista de todos, onde sem equilíbrio precipitei-me,
Clown de meus próprios fantasmas, sonhei-me,
Morto de meu próprio pensamento, destruí-me,
Pausa repentina, vocação de mentira, dispersei-me.
Quem sofreria agora sobre as armações metálicas do mundo,
Como o fiz outrora, espreitando a grande cruz sombria
Que se deita sobre a cidade, olhando a ferrovia, a fábrica,
E do outro lado da tarde o mundo enigmático dos quintais.
Quem, como eu outrora, andaria cheio de uma vontade infeliz,
Vazio de naturalidade, entre as ruas poentas do subúrbio
E montes cujas vertentes descem infalíveis ao porto de mar?

Meu instante agora é uma supressão de saudades. Instante
Parado e opaco. Difícil se me vai tornando transpor este rio
Que me confundiu outrora. Já deixei de amar os desencontros.
Cansei-me de ser visão: agora sei que sou real em um mundo real.
Então, desprezando o outrora, impedi que a rosa me perturbasse,
E não olhei a ferrovia — mas o homem que sangrou na ferrovia —
E não olhei a fábrica — mas o homem que se consumiu na fábrica —
E não olhei mais a estrela — mas o rosto que refletiu o seu fulgor.
Quem agora estará absorto? Quem agora estará morto?
O mundo, companheiro, decerto não é um desenho
De metafísicas magníficas (como imaginei outrora)
Mas um desencontro de frustrações em combate.

Nele, como causa primeira, existe o corpo do homem
— cabeça, tronco, membros, aspirações a bem-estar —
E só depois consolações, jogos e amarguras do espírito.
Não é um vago hálito de inefável ansiedade poética
Ou vaga adivinhação de poderes ocultos, rosa
Que se sustentasse sem haste, imaginada, como o fiz outrora.
O mundo nasceu das necessidades. O caos, ou o Senhor,
Não filtraria no escuro um homem inconsequente,
Que apenas palpitasse ao sopro da imaginação. O homem
É um gesto que se faz ou não se faz. Seu absurdo —
Se podemos admiti-lo — não se redime em injustiça.
Doou-nos a terra um fruto. Força é reparti-lo
Entre os filhos da terra. Força — aos que o herdaram —
É fazer esse gesto, disputar esse fruto. Outrora,
Quando ainda me perturbava a flor e não o fruto,
Quando ainda sofria sobre as armações metálicas do mundo,
Acuado como um cão metafísico, eu gania para a eternidade,
Sem compreender que, pelo simples teorema do egoísmo,
A vida enganou a vida, o homem enganou o homem.
Por isso, agora, organizei meu sofrimento ao sofrimento
De todos: se multipliquei a minha dor,
Também multipliquei a minha esperança.

Moscou-Varsóvia

(26 maio 1956)

Se este avião caísse, crispado entre os ouros, as copas e as espadas eu ficaria; sarrafos nas pálpebras, para que se mantivessem abertas durante o incêndio, colocaria;

Se este avião caísse, as madrugadas de meu filho de um terror violeta se elucidariam; na tarde calcinada, a sombra de minha mulher se inflamaria; minha filha não me encontraria deitado sobre o feno, escondido atrás da porta, acima dos cataventos com os braços carregados de bonecas; mais do que a minha garra em um livro e um lírio não encontraria; um gesto no espelho, uma espátula de osso, um pensamento;

Se este avião caísse, em uma esquina de Ipanema, eu nunca mais esperaria;

Se este avião caísse, só uma pessoa não diria "que pena" (a que caía e se esquecia e se consumia, e só se libertaria quando de todo caísse e se esquecesse e se consumisse);

Se este avião caísse, de mim o firmamento em torvelinho se afastaria; os mortos da Lituânia e da Masúria a mim viriam, e no silêncio rodeado de verdura me receberiam; soldado quase desconhecido, mãos desligadas do corpo — exangues e sem armas — ah, a terra de ninguém eu atravessaria;

Se este avião caísse, de arquitetar a condição da criatura um arquiteto a mais desistiria; certo de que outros chegarão a construir a humana arquitetura (o que se faz há muitos anos e se fará em um dia); pousado sobre o meu peito, o pássaro cruento do meio-dia; o criptógrafo egípcio afinal se explicaria; em fragmentos candentes, a minha carne emigraria; espantalho em farrapos, só o vento de leve me espantaria;

Se este avião caísse, sob as arcadas do pátio a poça de sal se extinguiria; a minha túnica amarela entre os anjos se sortearia; sob as telhas dos dragões dourados, os seus flocos, indiferente, a paineira sacudiria; na colina resplendente, quem soubesse ler, leria: "aqui pousou uma criança que quase nada compreendia"; até que outra morte nos separe, o meu nome no tronco se resignaria;

Se este avião caísse, este papel em cinzas arderia; a estrela rubra do poema nenhum jornal publicaria; fosse cair daqui a pouco, ainda assim o escreveria; a vida e a morte são as amantes, são a esposa, da poesia;

Se este avião caísse, os meus vizinhos compreenderiam; lembrando-se dos meus cabelos no elevador, uma intuição qualquer no ar lhes diria que só não fui um amigo por falta de tempo ou covardia; mas pode alguém perfeitamente amar o seu vizinho se apenas, grave, pela manhã lhe diz "bom-dia"; e então, sentimentais e sem razão, de mim, coitados, se apiedariam; e de se sentirem tão sensíveis, em fino prazer espiritual tudo (de mim) enfim se acabaria;

Se este avião caísse, a música de meu apartamento ensurdeceria; os volumes nas estantes, de já não ter quem os lesse como eu os lia, pardos e fechados ficariam; outros mais sábios vir e servir-se poderiam; mas o meu jeito de ler e pensar desapareceria; no entanto, se este avião caísse, daquilo que é apenas meu a orgulhar-me não chegaria;

Se este avião caísse, já ninguém mais meditaria na ave que passou gemendo contra o vento na bruma fria; o segredo que não cheguei a tocar a ninguém mais preocuparia; só se a meu filho legasse a vocação da tristeza e o heroísmo da alegria;

Se este avião caísse decerto me compadeceria dos que caíssem comigo sem a coragem da poesia; embora talvez fosse eu quem mais saudades levaria; poentes roxos de Minas, praias aéreas da Bahia; chapéu de palha de Leda, olhos castanhos de Lília; pubescência de Teresa, experiência de Maria; prosadores da Irlanda, poetas de Andaluzia; Iang-tsê em Nanquim, das Velhas em Santa Luzia; Etna fumegando em Taormina, em Sienna a Piazza della Signoria; manhãs de iodo na praia, noites etílicas de boemia; bailarinas de Leningrado, gaivotas da Normandia; sorriso da menina, do menino a euforia; Wagner compondo o *Parsifal*, Nietzsche uivando em Sils Maria; a mulher que foi comigo, a que não foi mas iria; tantas que, mais houvera, para que de vez caísse, pediria;

Se este avião caísse, com ele cairia um homem que pelo menos entenderia a fábula da folha que se desprendeu e desaparecia; e assim seu coração, na terra, no mar e no céu, como de triste e maduro caísse, não se surpreenderia, nem reclamaria; pois esse aflito coração, de ter amado e sofrido, na amplitude da morte se conformaria;

Se este avião caísse, em um domingo azul um peixe até a pedra nadaria; não encontrando o meu anzol, ao alto-mar regressaria; desse desencontro tecido de tão lindos equívocos, a sua carne se salvaria; e o domingo azul do mar ainda mais azul reluziria.

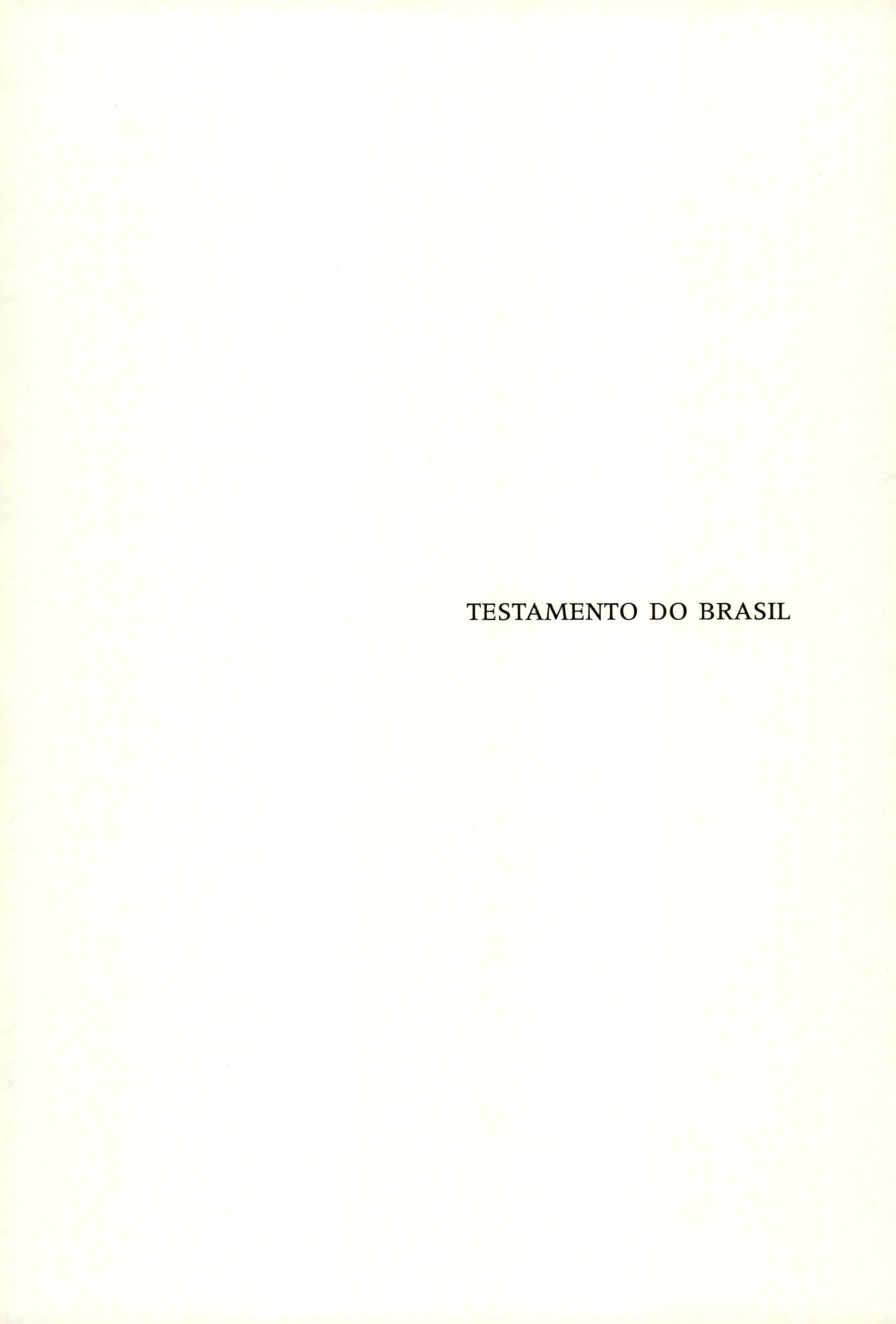

TESTAMENTO DO BRASIL

Um menino

Ziguezagueava de chuteiras no campo de topázio, a seriema do
[crepúsculo em grito
indireto, macegas revelando serpentes frágeis, caminhava
com as mangas do uniforme encolhidas, o coração
priápico, a alma
pelo avesso, imaginando encontrar um braço estendido, um ninho,
olhos femininos
de pássaro,
onde ele (só ele)
indefinidamente se esfregasse à vida.
Desceu o caminho do açude quando o martim-pescador regressava a
[seu mundo.
Água lisa e escura, o esperma do capim-gordura recendia,
os araticuns articulando-se ao verde
com os amarelos tortos e lenhosos de Van
Gogh. As torres se removiam quando cruzou a ponte,
suspirando, a trabalhar-se,
todos os pressentimentos farejando para sete ou oito sentidos,
sua avó ainda viva, compartilhando da inocência
montanhesa, somente agora perturbada: pois
ele aparecia enfim à tarde, mãos nos bolsos,
uma fome escancarada de espaço-tempo e maldade. Aparecia enfim
à tarde, para a tarde, com a tarde,
o frescor do pequeno porco-espinho, e o mal-estar
dos gambás que cheiravam mal antes da morte.
Caminhava pela casta masturbação dos verdes amarelos
que se remexiam,
os músculos a produzir um calor

que se perdia,
cuspindo o leite das margaridas mastigadas,
vacas chanfradas em flor para receber o girassol de um touro
[subnutrido.

Uma criança. Frágil e forte.

Mas em laranjais do paraíso imprevisível.

We are such stuff

Antes minha mãe gerasse um sonho.
Ontem mar noturno fechava-me em seu útero,
Eu me estendi no *couch*, fruto à espera dentro da casca,
Vitrola morta,
As frívolas comunicações impedidas de entrar, salvo
O telefone, que procurava trazer-me um rude clamor por meu corpo.
Rio, Rio de Janeiro!
Tuas construções aéreas às vezes escondem quem se fez violência,
Teus tapetes não abafam o ruído de botinas cruas,
O elevador não me devolve às galerias transfixadas de luz. Às vezes.

Se vim do Sul, do polígono das secas, da úmida floresta,
Se vim dos campos gerais ou da fronteira,
Pouco importa — vim do Brasil, percorrendo estrada precária,
Abri uma janela para o mar, comprei um cão pequeno,
Fiz amigos na cidade, aprendi teu linguajar esquivo:
Aqui estou,
Paralelo ao pensamento do oceano, e como o oceano
Arguindo os poderes do mundo e do diabo.

Dentro do vidro verde-cloro
Três peixes escarlates se ordenam em Z para dormir.
Aqui nos encontramos todos, neste paralelogramo de cimento,
Simetricamente dispostos em nossas jaulas ou ampolas de luz fria,
Os invisíveis vizinhos do 107. Pisamos de leve ao voltar da rua,
Preferível encontrar o elevador deserto, querendo achar depressa
Os nossos deuses lares:
mezaninos da melancolia,
ladrilhos da lassitude,

Insolentes engenhos da solidão,

gravuras do nevoeiro impressionista,

Jardim dum inverno investido de rancor.

Só o diminuto cacto é áspero em nossa casa,
Só a flora em torno do sexo é espessa,
Só a vertigem sexual é um abismo —
Tudo o mais é doçura e mentira,
Tudo o mais é polido e vazio.

O moço paralítico de defronte estende roupas brancas na treva.
As crianças do 501 sonham dependuradas nos seus galhos.
O bancário do 302 aplicou-se à coalescência do soneto.
Madame Turgot deitou-se de short no divã do living.
E eu que desci a Serra do Rola-Moça com uma canastra amarela,
Eu que falava a Daphne e Maria sobre a nudez ostensiva dos vikings,
Eu, paralelo à vontade do vento que pretende jogar o mar no ar,
Eu arguo os poderes do mundo e do diabo, e digo:

[Antes um sonho.

TUDO ACABADO ENTRE NÓS
OU O ESPECTRO DA ROSA

Vagando em torno da haste
Ficou a flor do perfume;
No coração, um contraste
De liberdade e ciúme.

Epitalâmio

Oh, despertar para o fruto de remotas matemáticas
Que na continuidade espaço-tempo armaram a medida
A que só nos cabe chamar de novo dia,
E saber que o dia, aquém e além de nossos cálculos,
Já perecível pelo próprio contato com a terra dos homens,
Enlaçou entre duas criaturas um módulo de amor.
Oh, despertar com o sangue do nascente,
Com os músculos do mar que se emaranham
E se enrijecem e se espraiam,
Oh, o sol transfixando o peixe adormecido!
Despertar e ver, as combinações da vida
Em sua infinita e inexaurível tessitura
(Como a aranha de Webster tecendo um véu ao epitáfio)
Urdiram, para as duas criaturas perecíveis,
Uma cortina estampada cobrindo o sarcófago.
Oh, vertigem luminosa, oh, cristal reagrupado a seus cristais!
Oh, despertar sem reconhecer demais a nossa imagem
E a imagem do cacto refletida em nosso espelho,
Despertar de entre os mortos, ver o mar florir
De glaucos amarantos, oh, na ilha equívoca dum bairro
Despertar, no mais confinado à sala burguesa,
À margem das mais íntimas devoções, despertar
Chorando outras lágrimas jubilosas,
Inarticulado pai seguindo o féretro do filho,
Como se o compromisso de acompanhar uma tarde,
De segui-la através das pedras crepusculares
À derradeira morada (*Gone to Earth*),
Como se o compromisso de amor por uma tarde

Fosse o extremo desencontro, como se o mar
Não devolvesse o astro que se enterra.
Oh, despertar demais, até ir penetrando os outros lados,
Tão lúcido que se apague, oh, despertar
Com as estrelas da carne fulgindo em seu engano,
Chegar ao balcão e ouvir o alarme do dia,
E recolhê-lo até que se amanse em rubro silêncio.

Oh, o despertar de quem a vida não foi um sonho,
Amargo amaranto,
Indo entre os idos,
Oh, despertar de quem finda a cada passo,
Coroado de lanças,
Com o mar de dois polos cingindo-lhe a cintura

Cavalaria andante

Embora no peito uma cruz de brasa
estampada
nunca direi
Cavaleiro da Ardente Espada

Cavaleiro da Ave Fênix
serei
dom Florarlão
em todas as horas cinzentas de tudo:
meu ser agudo
meu clamor escudo

quando embriagado ao pé do salgueiro
Cavaleiro da Branca Lua
Cavaleiro do Bosque
roto da má figura
quando uivar na cidade o lobo da loucura

Cavaleiro da Capa Verde
dentro do aquário sem porta

Cavaleiro da Cruz
quando o Deus vivo andava de lança nas capelas matinais

Cavaleiro das Donzelas
só depois de terminado o baile
com um cravo em sangue na mão
o horror de amar
o horrível horror de amar

Cavaleiro dos Espelhos
fui, sou e serei
crucificado nos arranha-céus de Ariana
nos teatros cinzelados
morto reverberado

Cavaleiro do Grito
de nascer
de amar

Cavaleiro do Lago
nunca serei

da Serpe
combaterei
da Serra
verdecerei
do Sol
recomeçarei

Cavaleiro da Morte
Cavaleiro da Morte
Cavaleiro do Unicórnio
me esconderei

Cavaleiro da Triste Figura
sempre serei

e esquecerei.

Cabo Frio

Catavento de Cabo Frio
quando para o vento,
quando só um momento
não há vento,
quando o ferro oxidado
geme lento sonolento,
como geme a roda-gigante
emperrada,
como freme o guindaste tenso
na antemanhã petrificada.
Catavento de Cabo Frio
quando para o vento —
meu momento.

Os relógios

Manhã de Nova York com 30 milhões de relógios.
Óleo vesperal dos portos hanseáticos.
Jardim pequinês.
Funcionário civil ouviu canto de pássaro pintado.
Que tempo foi em Pequim? Ópio de tempo,
indiferente. Noite.
Relógio.
Mandarim adormecido.
Funcionário civil ouviu pássaro pintado.
Hamburgo,
Hamburgo é um castelo
de água e de vento
com subsolos de mortuária madeira
cheirando a cereja açucarada.
Comovidos na serragem do silêncio
serve-se uma canja dourada
a dois amantes sem fome
divididos pelo mundo. Mundo
de torres subterrâneas,
descampados,
códigos, plataformas cinzentas,
aeroportos glaciais, olhos
celestiais além do cristal,
alto-falantes ordenando
que se beijem,
que se façam,
que se desfaçam,
e boa viagem! Que mundo
este mundo!

Príncipes invisíveis o comandam,
metais gelados nos adeuses,
cidades e vidas
amputadas no passo da hélice, que mundo
este mundo! Hamburgo,
senadores com seus mantos de granito.
A tarde sem sol com seus relógios solenes.
Um grito dentro do museu.

Dois caças a jato, escuros
piratas, sobem ao céu da Holanda,
onde outrora voavam as vacas.
Tempo do homem, só,
com uma inútil identidade. Tempo
de olhar as barcaças do Tâmisa antes
do repouso
no parque desfolhado. Este alento
petrificado nas abadias.
Firenze. Fiesole.
Andrea del Sarto cheirando a noite
no grito da coruja. Fiesole, Firenze,
espaço,
tempo,
muros e minutos
estruturados
numa ansiedade.

Troncos gotejam,
grito de água em lavabo cinzelado,
úmido é o mundo.
Como os úmidos telhados do mar do Norte.
Luz acesa no Cáucaso, pão e vinho,
e o relógio; que mundo

este mundo, que tempo
este tempo, que soturnidade
à beira dos rios:
sonâmbulos da ponte do Brooklin,
escunas escuras
do Elba, o Tejo sem reflexo, o Neva
de neve, o Neckar
com jovens eruditos bêbados, o Liffey,
os rins e os relógios,
os rios e os relógios,
os restos dos rios e os relógios,
os rastos dos rios e os relógios
os restos dos rastos e os relógios
os rastos dos restos e os relógios
o rasto da lesma
sobre a pedra circular
do relógio.

Jardim em Pequim,
telefone gigantesco e mudo em Hamburgo,
tercetos geométricos em Florença,
sempre o homem
com o seu relógio.
Tempo é dinheiro
dinheiro é homem
homem é segredo.
Depois do homem
alguém vende o seu relógio.
Depois do amor
fica no ar o relógio.
Depois das flores removidas
o relógio do morto.
O relógio do morto.

Só depois que acaba o tempo
o ouro do sol e os anéis de Saturno
começam a roer os restos do relógio.

Entre o gordo
e o magro
a moeda de ouro

Todos os abortos
físicos e
cívicos
feitos por dinheiro

Entre o milionário
proletário
e o proletário
milionário
o paradoxo
monetário

Tempo é dinheiro
relógios lineares
portais esgalgos do minuto gótico
colunata barroca para um beijo à tardinha
sagas de Harlem onde os mortos perseguem luas conversíveis
trópico de Câncer
nibelungos máabaratas trenodias
elzevires incunábulos portulanos
baldrocas oratórias, especulações fálicas, açougues suaves, banqueiros de fulva juba, monopólios da infância, endossos sexuais, numismáticos aduncos, filhos de cachorras e notários, apólices dúbias, prostituições em exercício, fogueiras contratuais, dobrões litúrgicos, porcentagens sobre lastros éticos, chinas traídas, fregueses de arábias, leiloeiros

de áfricas, tratos de areia, ataúdes hipotecados, traficantes eletrônicos, títulos letais, marchantes carismáticos, corretores de repúblicas sul--americanas, agiotas atômicos, corsários aeronáuticos, provedores de angélicas, esposas sonantes,

OURO EM PÓ

OURO CRU

OURO CEGO

TEMPO É DINHEIRO

Long John

Abre o centeio sua espiga, sangue dourado nos meus fusos de cristal
Irriga a linfa rubra os arquipélagos do corpo interrompido em seu
[fluir.
Ai âncoras de minha vida, quem vos soergueu dos mares de meu
[mal?

No girassol cinzento de meu fígado (meu vesperal amigo como um
[cão)
É a estação do outono; cedo vêm os granizos do inverno furioso
Com suas campânulas de oxigênio para prender a rã do coração.

Double or nothing. Dados se espatifam. Uma voz clara e perigosa risque
Como faca a parábola da vida. Resistindo às piranhas de meu curso
Noturno, chegarei à madrugada, conquanto em meu abismo um sol
[faísque.
Ah, tanto sal filtraram os meus rins recurvos, pasmados, tanta pureza
Mineral enganou-me nos ofícios, que entre mim e fim devo interpor
Esta cintilação. Fique delindo no espaço o que não vejo da beleza:

— Consolação, álamo esguio, fonte, cantar de dor à voz do mar,
[amor.

Camafeu

A minha avó morreu sem ver o mar. Suas mãos, arquipélago de
[nuvens,
Matavam as galinhas com asseio; o mar também dá sangue quando o
[peixe
Vem arrastado ao mundo (o nosso mundo); no entanto no mar é
[muito diferente.
As gaivotas, mergulhando, indicam o caminho mais curto entre dois
[sonhos
Mas minha avó era feliz e doce como um nome pintado em uma
[barca.
Sua ternura eterna não temia a trombeta do arcanjo e o *Dies Irae*:
Sentada na cadeira de balanço, olhava com humor os vespertinos.
Sua figura pertenceu à terra, porém o mar, rainha impaciente,
O mar é uma figura de retórica. No porto de Cherburgo, há muitos
[anos,
Ouvi na cerração o mar aos gritos, mas minha avó jamais ergueu a
[voz:
Penélope cristã, enviuvada, fazia colchas de retalhos fulvos.
O mar é uma louça que se parte contra as penhas, enquanto minha
[avó
Fechava a geladeira com um jeito suave, anterior às geladeiras.
Igual ao mar, os dedos da manhã a despertavam num rubor macio;
Pelo seu corpo quase centenário a invisível vaga do sol se espraiava,
A carne se aquecia na torrente dos constelados glóbulos do sangue,
As pombas aclamavam outro dia da crônica do mundo (o nosso
[mundo)
E de uma criatura que se orvalha em suas bodas com a terra dos
[pássaros

Matutinos, das frutas amarelas, da rosa ensanguentando de vermelho
O verde, o miosótis, o junquilho, e em tudo um rumor fresco de
[águas novas,
Um verdejar de abóboras, pepinos, um leite grosso e tenro, e minha
[avó
Com tímida alegria indo, vindo, a prever e ordenhar um dia a mais,
Assim como as abelhas determinam mais 24 horas de doçura.
E enfim no litoral destes brasis, o mar afogueado amando a terra
Com seu amor insaciável, dando um mundo ao mundo (o nosso
[mundo)
E a gravidade intransigente do mistério. Mas minha avó morreu sem
[ver o mar.

Unidade

Se o amor dos leões-marinhos não fosse feroz —
Se o farol da ilha Rasa achasse o Cristo de Chagall e ficasse —
Se o tempo do coração não fosse intermitente —
Se o uivo das vagas do Arpoador fosse a resposta natural
Ao clamor da clarineta negra de Bechet.
                                        Mas neste mundo partido
Tudo é partido.

Embora um animal compacto esteja pousado sobre os ombros
Deste mundo,
Neste mundo partido tudo é partido.

Either/or

tuas entranhas
como são estranhas
pedem-me lágrimas/sêmen-alegrias
para fazer-te dentro filho/filha
semente dum exílio/duma fúria
a noite é/não é
só o sal escuro do sol

sei/não sei

mas onde eu/eu-tu
eu-flor/cavalo-tu

cego
ainda chegaria
cedo
a um ramo de teu tronco
pelo teu gosto cereal/teus cascos no ladrilho

tu
esguia
mas teus peitos duros
de potro
rapaz ou rapaza

e a saliva áspera do delta de um rio

a madrugada em ti cruel em mim
o rumor do mar aprisionado

mas não dormir
para que não me esqueças/nem me esqueça
somente a raposa resplandeça
vitrola emudecida
luar sobre o lençol
tu é tu/raposa perseguida

eu não sou eu/eu tu/teu pasto/meu exílio
animal habituado à lâmina

tu o C o D o R
consoante dura momentânea
o vértice/vórtice do Y
eu a vogal que se dissipa/fica
o uuuuuuh
o ooooooh
o iiiiih
o eeeeeeh
o aaaaaah

o aaaaaah
que me aterra
dei-me em ti/menti
para que me doasses de teu ventre filho/filha

Ah, onde entra a meia-luz
(púrpura partida)
os ásperos espelhos

teu uísque/meu-uísque
emeusteuslábios
dilacerados

mas
AH
os ásperos espelhos

e nós
enrolados
no alto
em nossos nós
mais próximos da tormenta que se adensa
na fadiga
em tu-em-mim
em mim-em-tu

Ah
me deixar
ainda escorrer
fluindo
pelos musgos de teus muros
fluir
escorrer
deixar

pelos musgos castanhos de teus muros

pelas áreas de flúor do silêncio

abrir-me ainda em teu vergel
a minha pedra: amargura de teu ser: meu ser

antes de doer-te em mim
antes de doer-me em ti
o outro exílio/fim-enfim

o outro fim-enfim de teu exílio em mim
o outro fim-enfim de meu exílio em ti
em teu-fim-em-mim

fim
enfim

sol
sal
só sol
só sal

eu tu sal sei
teu eu sal só

só

sexílio
sei

só

Perguntas

— Cantar?
— O inseto.
— Viver?
— De alfabeto.
— Com quem?
— Concreto.
— Sem?
— Sem. Só. Secreto.
— Amar?
— Objeto.
— Afeto?
— Projeto.
— Por quê?
— Decreto.
— Onde?
— Veto. Vegeto.
— Quando?
— Completo.

Imitado de Chu Iuan

(340 a.C.)

Onde é céu azul,
Fiel a seu fado
(De si consumado)
De filha do Sul,
Soberba, altaneira,
Recato e clareza,
Canto a laranjeira.

Canto a verde e clara
Harmonia rara:
Folhas cor de malva,
Flores cor da alva;
Esporões cruéis
Defendem fiéis
Seus frutos alçados,
Plenos e dourados.

Sob a casca escura,
Secreta brancura
De agreste inocência
Como a florescência.
Canto a generosa,
Pura, radiosa,
Canto a verdadeira paz
Da laranjeira.

Amo com ternura
Desde a tua infância

A pura elegância
Reta-curvilínea
Curva-retilínea
De tua figura.
Amo-te as raízes
Fundas e felizes
E a verde linguagem
De tua ramagem.
Amo a haste tersa
Sob a galharia,
Centrada e dispersa,
De tua harmonia.
Amo a simetria
De tua magia.
Amo a liberdade
Da conformidade
De tua medida.
Amo tua vida
Livre sobre a serra,
Amarrada à terra.

Ah, possa entender-te,
Jamais esquecer-te,
Ficar teu amigo,
Sereno contigo,
Nobre em meu amor,
Grave em meu pudor;
Tão doce, tão firme,
Tranquilo me afirme
Isento e plantado
No meu coração.

Sem outra ilusão,
Tua juventude
Me ensine a virtude
De teu belo porte.

Até vir a morte
Sê o meu emblema,
Meu metro, meu lema.

Retrato do artista aos sete anos

Jamais un aerobate
Ne tombe dans la cour.

Jean Cocteau

Para dizer-te sem mentira o que é o artista,
Abram-se algumas portas, fechem outras,
A fim de insinuar-se aqui a reciprocidade dos gestos.
Vai buscar depois a sequência dos retratos.
Demora o pensamento no instantâneo do trapézio,
Procura concordar opostos horizontes.
Um sino de manhã assume seu coração e o mundo:
É Natal, e o aroma de maçãs estrangeiras
Vem do escritório fechado. Que pode o artista menino,
Entre os pressurosos prenúncios duma data,
Senão precipitar o seu prazer, abrir as portas prematuras,
Espiar pelos caixilhos da vidraça e pasmar-se?
Um artista (precisarás sabê-lo) não tem tempo.
À noite, quando se recolhe ao dormitório,
Entre irmãos e primos já dormidos,
O ruído da água na caixa o concentra, porque a vida
Não se vê de um lance, apenas se adivinha dentro das paredes,
E se articula e se desfaz sob tantas indiretas alusões.
No princípio tudo é subterrâneo, e esse caráter secreto
Aponta ao artista as premissas invisíveis de seu ofício.
Um pássaro rufla no jardim, um trem de ferro parte ou chega,
Um cavalo do esquadrão se recolhe à estrebaria.
O menino abre seus olhos de artista e continua.

Não pressuponhas de sua inocência, nem temas de seu desamparo:
Tudo nele é uma força que se quebra e reagrupa;
Sua doçura é esbelta e varonil como um toureiro;
Seu fascinante horror é um sentido a mais, só isso.
Ei-lo diante da vitrina com a sua jaqueta de veludo,
A bengalinha de futuro explorador da madrugada,
Seu pequeno sentimento de criatura moderna tão antiga.
Detrás do cristal, um boneco do tamanho dum homem
(Ou um homem) de cara escarlate, pálpebras azuis,
Imóvel e impecavelmente sinistro em sua casaca;
Eis o menino, mito em formação, diante do novo mito urbano,
Demorando-se a adivinhá-lo entre o horror e o amor
De novas formas (ou sentidos) que a vida convocou.
Um boneco do tamanho de um homem ou um homem?
Um segredo a mais no mundo ou o mundo?
É crepúsculo e as portas de aço se cerram com rancor.
Súbito, os olhos do boneco ou do homem
Reviram-se em suas órbitas metálicas,
E aquela cara escarlate inclina-se, rápida, mecânica.
A um palmo da face do menino artista;
Seu grito de horror e amor o sufoca e paralisa,
Enquanto o boneco (ou homem) ri um riso de adulta solidão.
Só então, a caminho do jantar,
Fazendo passes com a bengala quimérica,
Aprende que sua vida vai ser um susto (e vale a pena).

Todo salto mortal pode causar a morte de um pequeno artista.
Mas um artista de verdade não cai jamais no picadeiro.
Precário é seu equilíbrio entre avô e avó,
Indecifráveis são as figuras de seu corpo na barra do parque.
Embora os tambores da matina anunciem o seu fracasso,
Um artista de verdade não cai jamais no picadeiro.
Eis que ele é dono dum cão à boca da noite

E começa a desprezá-lo logo depois do amanhecer;
Chama-se Lord, Jim ou Bob, e seu olhar é tão úmido e baço
Que o artista pequeno o percebe até as entranhas da morte,
E a experiência não vale, e perece, prematura.
Mas a quem amar se for preciso amar?
O que amar se amar for o amor?
É bom tocar a resina dos troncos e prová-la,
Prever no espaço a geometria da bola de borracha,
Passar os dedos levemente sobre o musgo,
Desviar a caravana comercial das formigas.
Ele ainda não sabe, e por isso se afasta,
Que as resinas correspondem a mil formas de sentir,
A bola quer narrar um desenho contido,
As formigas pastam em searas de rubro sentido.
Impaciente, o menino artista declina de qualquer entendimento
E vai buscar a evasão das águas,
Total no breve instante do mergulho,
Invisível e só e nu e soberbo em sua redoma.
Úmido, sobre a pedra morna do remanso,
O sol não o distingue dos pequenos répteis friorentos;
Ou sobre o trampolim, voltado à simples profundidade do céu,
Um gosto de cloro nos lábios, um galo vesperal em seus ouvidos,
Pressente em círculos efêmeros encadear-se o momento
Indivisível, como um livro de gravuras ao contrário.
Como está longe e tão perto o momento à beira do lago,
Quando poderá passear sob as ramagens, pensando
Que sua vida não é ponto imóvel no tempo
Mas luz que se desloca em cintilações diferentes,
Recompondo o ontem no amanhã, e o amanhã num agora intenso,
Associando sem dissensão, os aviões, os alcantilados,
E o mendigo que costura a sua roupa no vão de um esgoto.
De arco e tocadeira ou rolando um pneu sobre o passeio,
Ele retorna à casa, no momento da luz aglutinada,

Quando, empurrando de volta a carrocinha de sorvete,
Um homem de pescoço de girafa olha vidrado acima do horizonte.
As cidades acabam no aclive da montanha ou na linha do oceano,
Mas, ao escurecer, um bote ganha o mar alto contra o vento,
E na montanha, a meio caminho das casas e da toca do morcego,
Um homem chamado Arquimedes ou Estêvão ou Morandi
Rodeou o seu mundo de cedros altos e mastins.
O menino artista ama somente o que sabe.
Divergentes são seus caminhos de ida e de volta
Sobre o muro que se ramifica, reunindo e apartando as famílias:
Esse limite entre as criaturas é a sua propriedade,
De onde pode ver cada quintal, de cor e alma diferentes,
Para contar no momento oportuno o que se passa no mundo.
Perdoa-lhe a natureza de espião, indispensável
À causa da poesia. E o perdoa ainda
Se escuta às portas, destampa os frascos de perfume,
Prova a terra, fuma restos de cigarro, espetala as flores,
Se vasculha as gavetas e velhas canastras,
Se desafina o piano, queima as mãos no fogo,
Se sempre reinventa o seu inferno exuberante,
Se bebe sangue ou fere a própria carne,
Se tem a ideia de saber se é possível viver sem respirar.
Grimpando aos últimos galhos da mangueira,
Despencando-se dos andaimes duma casa em construção,
Escondendo-se na cripta fresca duma torre,
O menino cumpre a sua missão de artista,
Antes de dormir. Antes de atravessar o espelho
Deformante do sono, onde prossegue o seu trabalho.

No princípio do amor

No princípio do amor, outro amor que nos precede
adivinha no espaço o nosso gesto.
No princípio do amor, o fim do amor.
Folhagens irisadas pela chuva,
varandas traspassadas de luz, poentes de ametista,
palmeiras estruturadas para um tempo além de nosso tempo,
pássaros
fatídicos na tarde assassinada, ofuscação deliciosa
no lago — no princípio do amor
já é amor. E pode ser setembro
com o sol estampado em bruma fulva. Monótona
e a praça com o clarim sanguíneo do meio-dia.
No princípio do amor, o humano se esconde,
bloqueado na terra das canções, astro acuado
em galáxias que se destroçam. E tudo
é nada: nasce a flor e morre o medo
que mascara a nossa face. Navios
pegam fogo defronte da cidade obtusa,
precedida de um tempo que não é o nosso tempo.
No princípio do amor, sem nome ainda, o amor
busca os lábios da magnólia, o coração violáceo
da hortênsia, a virgindade da relva.
É, foi, será princípio de amor. A mulher
abre a janela do parque enevoado, globos irreais,
umidade, doçura,
enquanto o homem — criatura ossuda, estranha —
ri no fundo de torrentes profundas
e deixa de rir subitamente, fitando nada.

Isto se passa em salas nuas,
em submersas paisagens viúvas, argélias
tórridas, fiordes friíssimos, desfiladeiros
escalvados, parapeitos de promontórios
suicidas, vilarejos corroídos de ferrugem,
cidades laminadas, trens subterrâneos,
apartamentos de veludo e marfim, províncias
procuradas pela peste, cordilheiras tempestuosas,
planícies mordidas pela monotonia do chumbo, babilônias
em pó, brasílias
de vidro, aviões infelizes em um céu
de rosas arrancadas, submarinos ressentidos
em sua desolação redundante, nas altas torres
do mundo isto se passa; e isto existe
dentro de criaturas inermes, anestesiadas
em anfiteatros cirúrgicos, ancoradas em angras
dementes, pulsando através de alvéolos artificiais,
criaturas agonizando em neblina parda,
parindo mágoa, morte, amor.
E isto se passa como um cavalo em pânico.
E isto se passa até no coração opulento
de mulheres gordas,
de criaturas meio comidas pelo saibro,
no coração de criaturas confrangidas entre o rochedo
e o musgo, no coração de
Heloísa, Diana, Maria,
Pedra, mulher de Pedro,
Consuelo, Marlene, Beatriz.

Olhar — anel primeiro do planeta Saturno.
Olhar, aprender, desviver.
Além da janela só é visível a escuridão.
Olhar — galgo prematuro da alvorada.

No princípio do amor, olhar
a escuridão; depois, os galgos prematuros da alvorada.
No princípio do amor, morte de amor antes da morte.
Amor. A morte. Amar-te a morte.
Sexos que se contemplam perturbados. No princípio do amor
o infinito se encontra.

No princípio do amor a criatura se veste
de cores mais vivas, blusas
preciosas, íntimas peças escarlates,
linhos sutis, sedas nupciais, transparências plásticas,
véus do azul deserto, pistilos de opalina,
corolas de nylon, gineceus rendados,
estames de prata, pecíolos de ouro, flor,
é flor,
é flor que se contempla contemplada.
Isto se passa de janeiro a dezembro
como os navios iluminados.

No princípio do amor
o corpo da mulher é fruto sumarento,
como a polpa do figo, fruto,
fruto em sua nudez sumarenta, essencial, pois
tudo no mundo é uma nudez expectante
sob o manto,
e nada no mundo é uma nudez tão expectante
como o corpo da mulher no princípio do amor.

Fruto na sombra: mas é noite.
Noite por dentro e por fora do fruto.
Nas laranjas de ouro.
Nos seios crespos de Eliana.
Nas vinhas que se embriagam de esperar.

Ramagens despenteadas, recôncavos expectantes,
cinzeladas umbelas, estigmas altivos,
é noite,
é flor, é fruto.

Mas nos seios dourados de Eliana
amanheceu.

Litogravura

Eu voltava cansado como um rio.
No Sumaré altíssimo pulsava
a torre de tevê, tristonha, flava.
Não: voltava humilhado como um tio
bêbado chega à casa de um sobrinho.
Pela ravina, lento, lentamente,
feria-se o luar, num desalinho
de prata sobre a Gávea de meus dias.
Os cães quedaram quietos bruscamente.
Foi no tempo dos bondes: vi um deles
raiar pelo Bar Vinte, borboleta
flamante, touro rútilo, cometa
que se atrasa no cosmo e desespera:
negra, na jaula em fuga, uma pantera.

Passei a mão nos olhos: suntuosa,
negra, na jaula em fuga, ia uma rosa.

O hóspede

EVIL
I am cast upon a horrible, desolate island,
void of all hope of recovery.

GOOD
But I am alive; and not drowned, as all
my ship's company were.
Robinson Crusoe

Ao entardecer
cada coisa estava em seu lugar
          pedaços de caixotes
          lianas praieiras
          a crepitar
molinetes azeitados
                    caniços dóceis à discussão do mar
a lona estridulando no terral
o rádio portátil
                    com sua tristeza popular

que vai ser do homem industrial
se ele não florir afinal
                    à beira-mar
um bimotor comercial segue para o Sul
                              sem turbulência

ao largo
o gajeiro
desprezava a manta de sardinhas
retificando a proa da traineira
na direção do crepúsculo
dilacerado
devagar

os rochedos
sustentavam
as assembleias verdes
do mar
desde que um fragmento de galáxia
se condensou
a seu tempo e seu lugar
eram homens
desfalecidos
como o ocaso
o fogo
e o mar
vizinhos da noite (espetacular)
que explodiu a galáxia
mas não pensavam nisso
(e era melhor não pensar)

a gaivota sentiu no ar
o fulcro da fogueira
o fulgor do firmamento
que se diluía
e
planando a barlavento
desapareceu
para retornar ao céu
com um peixe dilucular

eram homens urbanos
e diziam de mulheres
como guerreiros bêbados de vinho
depois de matar

mas quando veio o vento
mas quando veio o vento violento a uivar
quando as constelações se agruparam
cada uma em seu lugar
quando sibilavam os fios de nylon
como as cordas da mastreação em alto-mar
na hora em que os passageiros
do transatlântico
— um corvo no ombro
um cravo na lapela —
andam no convés antes do jantar
e fartos de seus ardis sexuais
sentem saudades do centeio
e do cavalo
então
os pescadores
sentiram
o sussurro em torno
alisar-se
monótono
como um túmulo

as garras do tigre dentro do fogo
destorceram-se a despertar
os dedos do afogado
nas reentrâncias dos rochedos
a roçar

os crustáceos de grande porte
adormecidos
nas suas armaduras
devagar
pássaros aduncos
sobre desertos congelados
sedentos
a soluçar
camelos lúcidos
lanceados pelo sol
a galopar
colunas de ametista alteavam-se nos salões
onde outrora transitavam tantas valsas
num tempo infindo
pois era um tempo circular
então
cada um quedou costurado a si mesmo
no seu inventar
reinventar
e Robinson despontando ao fogo das vagas
(o degredado)
foi devolvido à praia do golfo sem luar

oh, o noturno
sobre um grito
esgazeado
de terror tão singular
que pensamento pode ter
senão medir-se com o vento
o gigante
o jaguar
que pensamento
senão o incessante movimento
de ser em seu ser
um hóspede particular

pupila de vidro
investigando a cada minuto
o estatuto milenar

o invisível dos pássaros
                                        hostis
                              por dentro das galharias
                                        a gritar
                                        a gritar
depois desce a madrugada
                              mil-espelhando-se no ar
oh, o consentimento da agonia
a transluzir em túmida verdura circular
pois ali estava o périplo perene
                    desumano
                    e familiar

ah, mirar-se na fonte
                    a dizer
                    agora somos nós dois
                                             a duelar
por dentro das galharias
os pássaros hostis
               gritaram mais uma vez
depois deixaram de gritar.

Testamento do Brasil

Que já se faça a partilha.
Só de quem nada possui
nada de nada terei.
Que seja aberto na praia,
não na sala do notário,
o testamento de todos.
Quero de Belo Horizonte
esse píncaro mais áspero,
onde fiquei sem consolo,
mas onde floriu por milagre
no recôncavo da brenha
a campânula azulada.
De São João del-Rei só quero
as palmeiras esculpidas
na matriz de São Francisco.
Da Zona da Mata quero
o Ford envolto em poeira
por esse Brasil precário
dos anos vinte (ou *twenties*),
quando o trompete de jazz
ruborizava a aurora
cor de cinza de Chicago.
Do Alto do rio Negro
quero só a solidão
compacta como o cristal,
quero o índio rodeando
o motor do Catalina,
quero a pedra onde não pude

dormir à beira do rio,
pensando em nós-brasileiros
— entrelaçados destinos —
como contas carcomidas
de um rosário de martírios.
De Lagoa Santa quero
o roxo da sexta-feira,
quero a treva da ladeira,
os brandões da noite acesa,
quero o grotão dos cajus,
onde surgiu uma vez
no breu da noite mineira
uma alma doutro mundo.
Da porta pobre da venda
de todos os povoados
quero o silêncio pesado
do lavrador sem trabalho,
quero a quietude das mãos
como se fossem de argila
no balcão engordurado.
Ainda quero da vila
a ira que se condensa,
a dor imóvel e dura
como um coágulo no sangue.
Da Fazenda do Rosário
quero o mais árido olhar
das crianças retardadas,
quero o grito compulsivo
dos loucos, fogo-pagô
de entardecer calcinado,
a névoa seca e o não,
o não da névoa e o nada.
Da cidade da Bahia

quero os pretos pobres todos,
quero os brancos pobres todos,
quero os pasmos tardos todos.
Do meu rio São Francisco
quero a dor do barranqueiro,
quero as feridas do corpo,
quero a verdade do rio,
quero o remorso do vale,
quero os leprosos famosos,
escrofulosos famintos,
quero roer como o rio
o barro do desespero.
Dos mocambos do Recife
quero as figuras mais tristes,
curvadas mal nasce o dia
em um inferno de lama.
Quero de Olinda as brisas,
brisas leves, brisas livres,
ou como se quer um sol
ou a moeda de ouro
quero a fome do Nordeste,
toda a fome do Nordeste.
Das tardes do Brasil quero,
quero o terror da quietude,
quero a vaca, o boi, o burro
no presépio do menino
que não chegou a nascer.
Dos domingos cor de cal
quero aquele som de flauta
tão brasileiro, tão triste.
De Ouro Preto o que eu quero
são as velhinhas beatas
e a água do chafariz

onde um homem se dobrou
para beber e sentiu
a pobreza do Brasil.
Do Sul, o homem do campo,
matéria-prima da terra,
o homem que se transforma
em cereal, vinho e carne.
Do Rio quero as favelas,
a morte que mora nelas.
De São Paulo quero apenas
a banda podre da fruta,
as chagas do Tietê,
o livro de Carolina.
Do noturno nacional
quero a valsa merencórea
com o céu estrelejado,
quero a lua cor de prata
com saudades da mulata
das grandes fomes de amor.
Do litoral feito luz
quero a rude paciência
do pescador alugado.

Da aurora do Brasil
— bezerra parida em dor —
apesar de tudo, quero
a violência do parto
(meu vagido de esperança).

Um homem pobre

A ferro e fogo
Se faz um homem
Quando ele é pobre.
A fome e logro,
Plaina e formão,
Faz-se um irmão,
Um irmão pobre.
Com uma vela
E uma sovela
Marca-se a cara,
Olho por olho,
Dente por dente.
A ferro quente
Marca-se a tara:
Um P de pobre.
A cavaleiro
Do chão poento
O seu nariz
Como um camelo
Comendo vento.
Com toda a força
Bate-se a forca
Do seu pescoço.
Com faca fina
Talha-se o ventre,
Mansa planura
De repentina
Ânsia: vazio

E desventura.
Com três facadas
Se faz o sexo,
Com três pontadas
Fundas, sem nexo.
A pontapés
São modeladas
As suas nádegas.
É vulnerável
Seu calcanhar.
Se perde um membro
Põe-se um espeque
No seu lugar.
Pernas cavadas
Pelas varizes
Como raízes
À flor da terra.
Seus pés são flores
Escalavradas.
Se for possível
Sejam flexíveis
Os seus joelhos.
Fígado, baço,
Rins de antimônio,
Pulmões de chumbo,
Olhos de fumo,
Enfim o homem
Química e mangue,
Robô sem rumo
De carne e sangue.
Enfim, a obra
Dos outros homens
Como uma cobra

Inspira, expira
O ar que sobra.
Para arremate
As ferramentas
Uma por uma:
Lima, verruma
Dão polimento;
Broca, alicate
Dão o contraste;
Torquês, guindaste
Dão movimento;
Mangual e freio
Dão-lhe o receio;
Leva-se ao torno,
Depois ao forno,
José, João,
Deram-lhe um nome,
Qual, pouco importa.
Com alguidar,
Folha de flandres,
Gamela torta,
Restos de mar,
Matam-lhe a fome
Do crescimento.
Fio de vento,
Teto de brasa,
Chão de relento,
Eis sua casa.
Embora magro
Parece inchado,
Eis o seu vício.
Morre-lhe o pai,
Morre-lhe o filho,

Não veste luto:
Falar à morte
Cada minuto
É seu ofício.
No ar se exala
Tudo o que fala.
Por onde pisa
Não há sapato.
Tudo o que cheira,
Vulgar olfato,
Cheira à tristeza
de uma toupeira.
Das galerias,
De pai a filho,
Herda a riqueza
Da silicose;
Se economiza
Febre reumática
Pode gastar
Tuberculose.
Estranho tato,
Tudo o que pega
Muda-se em lama.
Onde se deita
Chama de cama.
Cedo se estraga
Tudo o que ama.
Cedo se rasga
Tudo o que veste.
Cedo se despe
Da própria carne,
Do próprio nome.
Tudo o que come,

Raro apetite,
Sabe-lhe a fome.
Tudo o que ouve,
Houve ou não houve,
Tem o sentido
De ensurdecê-lo;
Raro desvelo
Dos outros homens.
Tudo o que é seu,
Ninho de sono,
Mina de cobre,
Roça de milho,
Coisas de pobre,
Tem outro dono.
Vive por dentro
Do lado externo.
De olhos abertos
Ou meio cego
Vê a vitrina
De luz marinha
Com seus eternos
Peixes, lagostas,
Gordas galinhas,
Leitões de crosta
Que se desata,
Cerejas rubras,
Cremes de prata.
A fome é sua.
No seu aquário
Da cor da lua
O cobertor
Espesso dorme;
Deus vela o sono

Do mostruário.
O frio é seu.
Não lhe pertencem
A relva, a graça
Dos chafarizes,
Banco de praça,
Flores da rua,
Sombra de parque,
Frescor de fonte.
O medo é seu.
Prisão é sua.
Em socavão,
Desvão de ponte,
Sob o pontão
Apodrecido,
Onde existir
Ângulo morto,
Rota catraia
De cais de porto,
Onde existir
Oco-de-pau,
Dura falésia
De rude praia,
Onde existir
Negra lacraia,
Feroz lacrau,
Bicho felpudo,
Onde houver tudo,
Rato, morcego,
Onde existir
O seu sossego
Cheio de medo,
Onde existir

Algum perigo
De se escalar,
Algum segredo
Para descer,
Onde a patrulha
Não atingir,
Onde o olhar
Do gavião
Não puder vê-lo,
Onde existir
Fétido cheiro,
No seu chiqueiro
O pobre irmão
Pode encostar
Sua cabeça,
Seu coração,
Pode apagar
A luz espessa
De seu olhar
De cão ou urso.

Um dia, morre.

Não tendo cova,
O bisturi
Faz seu discurso.

O morto

Por que celeste transtorno
tarda-me o cosmo do sangue
o óleo grosso do morto?

Por que ver pelo meu olho?
Por que usar o meu corpo?
Se eu sou vivo e ele é morto?

Por que pacto inconsentido
(ou miserável acordo)
aninhou-se em mim o morto?

Que prazer mais decomposto
faz do meu peito intermédio
do peito ausente do morto?

Porque a tara do morto
é inserir sua pele
entre o meu e o outro corpo.

Se for do gosto do morto
o que como com desgosto
come o morto em minha boca.

Que secreto desacordo!
Ser apenas o entreposto
de um corpo vivo e outro morto!

Ele é que é cheio, eu sou oco.

Rondó para amigo ou amiga

Afinal que há contigo,
minha amiga, meu amigo?
É a dor de amor mendigo
ou a dor que vai comigo?
Afinal que há com tua
existência seminua?
Quem roeu o pensamento
de teu meigo apartamento?
Que anverso sensual
cingiu-te a vida de sal?
Que reverso de medalha
fartou-te a boca de palha?
Foi um grito do infinito?
Foi o silêncio de um grito?
Por que erro em teu caminho
giras no cosmo sozinho?
Onde está o diamante,
teu amante, tua amante?
Afinal que há contigo,
minha amiga, meu amigo?
Ave má bicou-te o figo?
Teu amigo é inimigo?
Que refrão em teu ouvido
esvaziou-te o sentido?
Afinal que marcescível
dor (ou flor) foi invencível?
Que tigre foi-te à garganta?
Bruxa? Mulher? Hierofanta?

Que alquimia ao revés
oxidou os teus pés?
Que divina cocaína
te passaram numa esquina?
Que sanguessugas etéreas
transtornaram-te as artérias?
Quem te colocou à parte
nos arrabaldes do enfarte?
Quem te passou para trás,
moça má ou mau rapaz?
Que cornos rubros do inferno
enrijecem quem foi terno?
Afinal que há contigo,
minha amiga, meu amigo?
Uma flor sobre o jazigo?
O clamor que trava o trigo?
Que langor virou lamento?
A boreste ou barlavento?
Em que frusta fortaleza
se fez do forte fraqueza?
Que treponema do mangue
sobrenada no teu sangue?
Que fizeste da moldura
de tua tarde mais pura?
Que fizeste, que maldade
com a tua puberdade?
Que fizeste de teu Sócrates,
Platão, Plotino e Isócrates?
Onde estão Geraldo, Gilda,
Cançado, Clara, Cacilda?
E a fulva melancolia
de Maria d'Abadia?
A fraga de que degredo

fez da coragem teu medo?
Que conceito mais espesso
revirou-te pelo avesso?
Afinal que há contigo,
minha amiga, meu amigo?
O terror do desabrigo?
Teu humor é teu castigo?
Que secreção radical
danou-te a suprarrenal?
Que sofrimento somático
santificou teu viático?
Que larvas velhas do drama
revivem na tua cama?
Que bile, que maresia
fez névoa da poesia?
Que crise de antinomia
castrou-te a filosofia?
Que incessante inflação
coartou-te o coração?
Que roaz neurastenia
gradeou a luz do dia?
Já ligaste ao analista
ou és também pessimista?
Por que via mal fechada
entrou sinistra piada?
Que tecido se teceu
com as tramas de Teseu?
Que política bifronte
transformou-te em Lacoonte?
Que guelfo, que gibelino
fez de ti novo Ugolino?
Que câncer, que leucemia
poluiu-te a alegria?

Deu-se doce, docemente,
ou te emborcou de repente?
Afinal que retiveste
de teu enfado celeste?
Onde teu lucro, teu forte?
Há mais-valia na morte?
Onde o som estereofônico?
E o teu florete eletrônico?
Que bárbaro caranguejo
comeu-te a boca ou o beijo?
Que amplexo mais complexo
alienou o teu sexo?
Que claro-escuro te busca?
Que lusco-fusco te ofusca?
Que personagem de luto
faz sombra no teu minuto?
Que vírus te fez mordente?
Que serpente em tua mente?
Que gorgulho em teu orgulho?
Que nó cego em teu embrulho?
Foi fome ou fruto de tédio?
É sem cura ou tem remédio?
Quais são teus planos, pergunto,
em relação ao defunto?
Em que tempo irreversível
aconteceu o terrível?
Há um ano ou uma hora?
Foi a fauna ou foi flora?
Não percebeste a cilada?
Doeu muito ou quase nada?
Que gesto, que não fizeste,
salvar-te-ia da peste?
Afinal que há contigo,
minha amiga, meu amigo?

Copacabana 1945

I

As fichas finais do jogo
foram recolhidas; fecha-se
o cassino; abre-se em fogo

o coração que devora.
Vejo em vez de eternidade
no relógio minha hora.

E se quiser vejo a tua.
Às cinco tinhas encontro
num cotovelo de rua.

As cigarras do verão
tiniam quando sugavas
teu uísque com sifão.

Às onze no Wunder Bar
por meio acaso encontravas
a mulher que anda no ar.

Às três no Copacabana
uma torpeza uterina
pestana contra pestana.

Às quatro e pouco saías,
comias um boi às cinco,
às seis e meia morrias.

Às duas ressuscitavas,
às cinco tinhas encontro,
às sete continuavas.

II

A mensagem abortada
de Copacabana perde-se
na viração: não é nada.

Morre um homem na polícia.
Tantos casos. Não é nada:
os jornais dão a notícia.

Uma criança que come
restos na lata de lixo
não é nada: mata a fome.

Não é nada. A favela
pega fogo. Não é nada:
faz-se um samba para ela.

Um moço mata a família
e se mata. Não é nada:
poupa o drama à tua filha.

Uma menina estuprada.
Uma virgem cai do céu.
Nada. Copacabanada.

III

Dava um doce calafrio
no esmalte azul recortado
súbito à tarde um navio.

O mistério transparente
do navio que passava
é ter tornado presente:

por fantasia do fado
naquele tempo ao passar
já parecia passado.

Quando ele achava o caminho
na ponta do Arpoador
eu ficava mais sozinho.

Pois um homem-gaivota
segue um barco, mesmo quando
não lhe conhece a derrota.

Latitude, longitude,
compasso de meu exílio…
Um homem sempre se ilude.

E quando o mar sem navio
ficava, eu olhava para trás
e me embrulhava no Rio.

IV

Anoitecia em cristais,
em paz de pluma tornando
à dor de Minas Gerais.

A dor que dá mas devora
como um blues comercial
no carro, quando é a hora.

E quando à janela o cone
de sombra me abismava
eu ligava o telefone.

Esse aparelho surdia
da ramagem de meus brônquios,
negra liana, e subia

em tropismos machucados,
pelas calhas do silêncio,
pelos terraços pasmados,

pela traqueia das áreas,
como tromba de elefante
ou aranhas solitárias

articuladas ao fio,
como língua de serpente
a vasculhar o vazio,

a buscar qualquer canal
de amor (ou fosse miragem!)
no deserto vertical.

V

Às vezes chegava a lua
no despudor deslumbrante
da mulher que chega nua.

A mulher transverberada
entornando-se amorosa
nas vagas da madrugada.

Algumas foram no peito
do casto lençol do céu
para o cosmo do teu leito.

VI

Copacabana, golfão
sexual: soma dois corpos
mas divide solidão.

VII

Pelas piscinas suspensas,
pelas gargantas dos galos,
pelas navalhas intensas,

pelas tardes comovidas,
pelos tamborins noturnos,
pelas pensões abatidas,

eu vou por onde vou; vou
pelas esquinas da treva:
Copacabana acabou.

Balada do homem de fora

Nas almas dos outros há
searas de poesia;
em mim poeiras de prosa,
humilhação, vilania.

O pensamento dos outros
ala-se em frases castiças;
o meu é boi atolado
em palavras movediças.

No gesto dos outros vai
a elegância do traço;
no gesto torto que faço
surge a ponta do palhaço.

O trato dos outros tem
desprendimento, altruísmo;
venho do ressentimento
para os brejos do egoísmo.

O amor de muitos floresce
em sentimento complexo;
mas o meu é desconexo
anacoluto: do sexo.

Na face dos outros vi
a sintaxe do cristal;
no amálgama dos espelhos
embrulhei o bem no mal.

A virtude contra o crime
é um cartaz luminoso
dos outros todos; mas eu
posso ser o criminoso.

Os outros brincam de roda
(carneirinho, carneirão);
são puros como a verdade;
mas eu minto como um cão.

Há quem leia Luluzinha,
há quem leia pergaminhos;
leio notícias reversas
nos jornais de meus vizinhos.

Os outros ficaram bravos
ao pôr de lado o brinquedo,
bravos, leais, *sans reproche*;
mas eu guardei o meu medo.

Encaminha a mente deles
uma repulsa moral;
na minha pulsa o High Life
do mais turvo Carnaval.

Todos foram tão bacanas
na quadra colegial;
só eu não fui (*mea culpa*)
nem bacana, nem legal.

O terno dos outros tem
um ar etéreo e eterno;
às vezes ando vestido
como um profeta do inferno.

Muitos voam pelas pautas
que se desfazem nos astros;
amei Vivaldi, Beethoven,
Bach, Debussy, mas de rastros.

Certos olhos são vitrais
onde dá a luz de Deus;
Deus me deu os meus e os teus
para a dor de dar-te adeus.

Há tanto moço perfeito
like a nice boy (inglês);
eu falo mais palavrões
que meu avô português.

Os outros são teoremas
lindos de geometria;
eu me apronto para a noite
nos pentes da ventania.

Para quem foi feito o mundo?
Para aquele que o goze.
Como gozá-lo quem gira
no perigeu da neurose?

Copiei com canivete
este grifo de Stendhal:
"Nunca tive consciência
nem sentimento moral".

Faço meu Murilo Mendes
quanto à força de vontade:
"Sou firme que nem areia
em noite de tempestade".

Há gente que não duvida
quando quer ir ao cinema;
duvido de minha dúvida
no meu bar em Ipanema.

Outros, felizes, não bebem,
não fumam; eu bebo, fumo,
faço, finjo, forço, fungo,
fuço na noite sem rumo.

Outros amam Paris, praias,
cataventos, livros, flores,
apartamentos — a vida;
eu nem amo meus amores.

Os outros podem jurar
que me conhecem demais;
quando acaso penso o mesmo,
o demônio diz: há mais...

A infância dos outros era
o céu no tanque da praça;
a minha não teve tanque,
nem céu, nem praça, nem graça.

Até na morte encontrei
a divergência da sorte:
a deles, flecha de luz,
a minha, faca sem corte.

O espaço deles é onde
circunda a casa o jardim;
mas o meu espaço é quando
um parafuso sem fim.

TRINCA DE COPAS (EXCERTOS)

OH ALMA LUÍS VAZ, ALMA MINHA PESSOA!
ALMA, TENHO-A GENTIL, QUE, CEDO M'A PARTISTE!
ANDEJA DO MONDEGO SEM ACHAR LISBOA!
OH ALMA LUÍS VAZ, ALMA MINHA PESSOA!
DA BEIRA ALTA À BEIRA MAR, ALMINHA À TOA!
ALMA DAS BEIRAS, QUE, NAS BEIRAS, SÓ, EXISTE!
OH ALMA LUÍS VAZ, ALMA MINHA PESSOA!
ALMA BOA NÃO TEM, QUEM NEM MESMO A TEM TRISTE!

Arenga e reza de um guia de Ouro Preto

Senhoras e senhores,
antes que Vila Rica se desfaça,
vamos falar aqui e agora
do que fica do que passa.

Vila Rica, como até os cegos podem ver,
é feita de ladeiras, todas elas assombradas.
Olhem bem estas bandeiras,
estes beirais, estes balanços de sacadas!

Já vetusto era o teatro quando nele cantou a Candiani
as árias da *Norma* — e tenham em vista
que só cinquenta anos depois aí orou e perorou o Rui —
quando havia campanha civilista.

Esta ponte do Rosário, também chamada do Caquende,
está atravessada numa estância do Ouvidor —
e esta, de cantaria trabalhada,
é a ponte dos Contos, também cruzada pelo trovador.

O inglês Richard Burton — não o ator galês,
mas o amigo de dom Pedro II —
aqui deu o ar de sua graça, com seu gosto meio raso
o seu saber meio profundo.

Num belo dia de 1867 Burton parou na Fonte dos Contos,
matou a sede, leu a inscrição e fez assim:
"Good Heavens! Shocking!
A água de Minas é melhor que o latim!"

Sem bom olho para as talhas do Aleijadinho,
Burton entretanto teve inteira razão
ao fazer um ditirambo para o velho
— e nunca assaz louvado — tutu de feijão.

Mário de Andrade cá esteve como quem está à toa,
mas com seus olhos de lente polivalente
viu logo a verdade genial e facetada
do mestre Antônio Francisco Lisboa.

Depois o gigante de São Paulo deu um pulo
ali na Mariana dos lúgubres responsos
e estreitou comovido a mão
espiritual e branca do pobre, pobre Alphonsus.

Nestes lindos lençóis de linho
bordados de rendas, nestas finas musselinas,
deitaram seus corpos muitas damas ilibadas
e talvez três ou quatro ou trinta e quatro messalinas.

Outro inglês — este o geólogo John Mawe —
depois de flanar no frio arisco de Vila Rica,
falou e disse: "Nunca vi camas tão magníficas
como as camas desta gente rica!".

Vejam as cornijas e as molduras destas janelas!
Mas na verdade, senhoras e senhores,
raramente elas emolduravam
a formosura bem guardada das donzelas.

Aqui se vendiam os escravos.
Uma negra jovem e bela valia bom dinheiro.
E pagava-se até mil cruzados
por um bom negro trombeteiro!

Nos cantos destas ruas ficavam acesos
nichos votivos, e os nichos votivos
acabaram misturando os santos novos
aos deuses negros primitivos.

Havia quatro jornais
aqui em Vila Rica!
Todos os quatro
fervilhando de política!

E quando deste local
se fez uma casa de fundição,
o fisco fundiu o ouro
e forjou uma rebelião.

E aqui Saint-Hilaire viu dançando o fandango
a mulata desatada e namoradeira:
era a nação que já vinha
mestiçada e brasileira.

Assim, pedindo a bênção a Rodrigo de Andrade,
e a poesia a Manuel Bandeira,
rezemos para que não se desfaça
nem a vila de ontem, nem a cidade
que deve conter o que fica do que passa,
já que no bico de pena destas gravuras
Vila Rica levará pela vida suas imagens mais puras.

REZA

Nosso senhor do Bonfim,
não deixeis que Vila Rica tenha fim!

Nossa Senhora do Rosário,
preservai o vosso relicário!

Nossa Senhora da Conceição de Antônio Dias,
deitai vosso olhar sobre estas pedrarias!

Nossa Senhora da Piedade do Morro do Cruzeiro,
tende misericórdia da pátria do mineiro!

São Francisco de Assis,
arrebanhai as capelas todas e a Matriz!

Nossa Senhora das Mercês e dos Perdões,
rogai por Vila Rica em suas comoções!

São João Batista,
abençoai vossa capela e seu artista!

São Sebastião,
defendei a inocência da pedra-sabão!

Sant'Ana
protegei a humanidade vila-ricana!

Nossa Senhora das Necessidades,
protegei Vila Rica nas enfermidades!

Nossa Senhora das Dores,
tende compaixão, nestes ares novos, destas velhas cores!

Nossa Senhora da Piedade,
atendei Vila Rica na hora da orfandade!

Nossa Senhora do Pilar,
fazei de Vila Rica vosso altar!

Nossa Senhora do Rosário dos Pretos do Alto da Cruz,
conservai Ouro Preto, Vila Rica de Jesus!

Lemas do meu caminhão

Herdamos a manhã mediterrânea...
Noite é invenção americana —
Mas, à tarde, a tarde é brasileira.

Quando a gente parte
o outro mundo é este

Palma de Idumeia!
Canta a tradição
da rosa europeia
e a flor do sertão.
Por contradição.

De repente entrei pelo canal
que liga a riba dos vivos
ao mar sobrenatural.

Me desculpe o mau jeito:
sou assim porque sinto
que Deus gosta de mim.

A Verdade em Si
não é Parati.

Sabedoria de Brahma
não é para a Boêmia
de Petrópolis.

Ama o teu próximo
como o teu vizinho ama o próprio cachorro.

A vaca amarela
pousou na janela:
deu avestruz.

Em Londres, na London Bridge,
vi uma vez um rapaz
que passava lendo em paz
o *Corydon* de André Gide.

Tenho a noite, tenho o dia,
mas se me lembro de alguém
(quando este alguém é Maria)
eu, tão tarde, fico sem.

Só um bem neste mundo é de raiz:
a Criança sem Tempo e sem País.

O gato não é uma conclusão:
é uma premissa para o leão.

Me lembro bastante bem
como se fosse anteontem.

Quando no lago se enovela a tarde
sentimental, um bando de marrecas
espanta o meu espanto de viver.

No meu bar de marfim sempre me espera
a trinca dos meus copos de cristal:
saudade, solidão e vesperal.

Quem viver verá cegar-se o ar.

Taotologia: ainda não encontrei o caminho para o caminho.

As palavras do poema se influenciam de seus reflexos recíprocos.

Se a origem da luz é divina
a luz humana é clandestina.

Overdose é se te quiseres ainda mais do que te quero.

Que parecer contrariado
o dos patos silvestres a grasnar meu nome
na contramão do céu.

Bebo, no duro,
pra esquecer o futuro.

Em casa vazia,
tia,
só não vira assombração
quem já é vazio de coração.

A festa acaba
quando começa o bicho a dar goiaba.

Uma velha amendoeira
no Posto 6, dolorida,
farfalha pedindo a Deus
só mais cem anos de vida.

Quando a noite confundia
Doctor Jekyll e Mr. Hyde,
confesso, também queria,
mas jamais me dividia.

Era a lua ideograma,
era a lua que se leva
lentamente para a cama.

Nem tudo na vida passa,
sobretudo o que passou:
amassada na vidraça,
vendo a chuva que não passa,
sou a cara do menino
que jamais desamassou.

Quando se vai para Real Grandeza,
para lá ficar, com certeza,
com a brusca inversão de mão,
a confusão chega ao cúmulo:
porque, então, o além-túmulo
passa a ser na direção
de Copacabana!
(Pela coxa de Diana!)

História sagrada

Era
uma
vez
um
parque
bem
guardado
por
um
arcanjo
em
sua
luz
armado

Prima Vera

nalgum lugar
debaixo de ahs e és
a prima Vera
era o quê?

chita em cima de moreno
vivaluz sob escuro de axila
pernas mascavas
mariposas debaixo das calcinhas
a última das helenas

e o tio dorremi sacrapantine a rir-se
de prima Vera
prima
Vera
imortal

por esta ladeira de misererar
vejo Vera esmorecer no infinitivo
entre as pernas matizadas da tardinha

contudo enfim te acho e ando
como um rei que se acha e se anda
minha lei
minha vera
teu rei

tanto relógio acontece entre as aspas do texto:
nem mais infância encontro onde andarás
agora que me dás infantilmente

te amo infantilmente agora
na foz do que flui e eu nem fiz
e suponho o sonho tão limpo
que em deusas te levanto

te amo infantilmente agora
dentro dos bares fechados de mim
prima
Vera
imortal

Impressão do Brasil

Brasil é quando se começa a crer
no vir a ser do que se pode ver

pode ser uma fuga de ipomeias
pode ser contraponto de ninfeias

Brasil é riachão com um cavalo
fio de sangue a madrugar o galo

dourados agarrados na tarrafa
do lenço da baia anil garrafa

o pescador atira o aranhol
de teias luminosas: cai o sol

e mar! amar! e mar! e mar! amar!
o mar! o mar! talassa! o mar! o mar!

Brasil: aves de luz dão entrevistas
em fusões ilusões impressionistas

Brasil é só aquilo que ele é
pode ser Turner pode ser Mané

do "Deus do Céu assim eu nunca vi!"
quando se vê o que se vê aqui

o crioulo que leva uma rabeca
depois que tudo o mais levou a breca

entre cacos de pedra uma criança
criada à nossa imagem e semelhança

Brasil flamengo luso americano
gauguin monet seurat corintiano

dos mineirões gigantes morumbis
maracanãs pelés gregos tupis

Brasil é preto-e-branco brasileiro
preto de branco-branco de pandeiro

Brasil de jaburu nefelibata
de ornato calipígio de mulata

do vermelho alagado de amarelo
dos falos e das flores de labelo

de luz e cor do amor ao desamor
das brisas tamisadas do calor

dos prateados módulos lunares
de seus arranha-céus orbiculares

dos degraus sagrados de memória
por onde o pobre agora sobe à glória
das cobras em tensão no bambual
das tardes de modinha imperial

Brasil do devagar tão de repente
e um vendaval de cores corre a gente

TOMBO: ESTRAMBOTE

MENTE HÁ CEM ANOS ESTA CASA BELA.
BEM CEDO SE TRAVOU EM FEL SECRETO
O MANUELINO FLÂMEO DO PROJETO.
FALOU-SE DE ASMODEU E UMA PUCELA,
DO TÚNEL DO BARÃO DA CAPELINHA
(COISA DE LÉGUA À GRANJA DA SOBRINHA),
DAS INFANTAS TORNADAS EM MEGERAS
AFETADAS DA BABA DO MORCEGO
QUE EM SONHO AS EXTORQUIA DO SOSSEGO.

MINAS GERAIS TEM FRAUDES, TEM QUIMERAS:
EM FIOS DE CICIO, MÃE PRA FILHA,
FEZ-SE A CROCHÊ A COLCHA DA FAMÍLIA.

AQUI SÓ VÃO TOMBAR FORROS, SOALHOS,
PEDESTAIS SEM VIRTUDES DE ROMANAS,
GREGAS CADUCAS, VENTRES DE OTOMANAS.

LAÇADA. PONTO. CRUZ. TRICÔ. RETALHOS.

Motes no infinito

nascer, nasci em 1922,
morrer, morri em mil novecentos e depois

as castanhas que me faltaram no frio de 37 em Barbacena
encontrei-as no outono de 49 no cais do Sena

ai flores, ai flores do verde pino,
agora que sei que sou um menino

senhora de corpo delgado
nem todo jejum é sagrado

este livro que sempre se manteve fechado
de repente se me abriu de lado a lado

sem dor a árvore do papel
não se livra do mal do mel

eu nem sei se serei quem dantes era
mesmo assim telefono à primavera

pré-história... história... pós-história...
e o borbulhar enfim da festa sem memória...

quem vinha de flor
não me deu amor

é ela que se manda a meu pesar
tão logo aquele Jumbo decolar

é do inferno do pobre (diz Hugo)
que é feito o paraíso do robô

não me dá amor vagar
no Arpoador sem parar

de calça à luz conivente
vai Leonor transparente

saudoso-imaginoso disse o mestre:
guerra como a de Troia, nunca mais!

se meu amigo viesse e me visse,
se rindo de mim, diria: não disse!?

quem o mundo juntou sem ter partido
é comuna (Jesus) da linha justa

ao vagaroso passo dos meus bois
vou no meu vir-a-ser-antes-depois

poesia, bizarro contrabando
que seres fronteiriços vão passando

senhora mui louçã a quem chamei de flor
me disse alto e bom som: ora, não enche, pô!

aqui em Beagá, do alto dos picos,
sem dizer a ninguém crio o *Dia do Fícus*

minha mãe velida,
vê no que deu minha vida!

quando la festa è finita súbito o lenta
il silenzio di ceneroni me spaventa

senhora formosa, por meu mal
ando em regime de amor e sal

descalça vai para a praia
Leonor, de biquíni de cambraia

quem pretende ir-se embora quando passa
lindo filme de bruma na vidraça?

sonhos, quem não os tem quando a garoa
de São Paulo nos leva à vida à toa

meu ser evaporei na lida insana
que no meu tempo foi Copacabana

eu vi a Gioconda em Paris:
mamona lisa nunca vi

foi-se o perjurado, sumiu de Ipanema
sem deixar recado, sem telefonema

busca: não acharás a poesia:
vai-se a voar a pomba da palavra

busca: talvez acharás a poesia
quando o voo sem pomba regressar

quem Jânio Quadros não entende
entender o mundo e seu pai pretende

amiga, tive recado
de seu amigo (coytado!)

a prosa de Malherbe não durou
o espaço duma rosa tipográfica

— ay Deus, vai! — tudo legal?
— tudo legal! ay Deus, vai!

trespassa a nossa pálpebra a festa solar:
quando for noite, abrir os olhos devagar

dizia *la* bem talhada:
que gana de feijoada!

em casa de pasto disse a fremosinha:
quero filé grelhado sem batatinha

quando é hora do rush, o sol se esconde
e a passarada que não sabe aonde

senhora, agora, vos rogo, sem demora,
o meu coração Mendes tá na hora

na ribeira do rio vento frio
faz no meu rosto rugas quando rio

erros meus, má fortuna, amor ardente,
mais uma espondilose recumbente

terras lindas que (tanto tempo!) percorri
andam hoje a fazer turismo em mim

rio dos rios todos que vi ou não vi:
das barrancas do Logos, nunca sou daqui

o poeta vende um pano tão diverso
que a seu reverso dá nome de verso

Cantiga de Nibelungo

Na solidão luminosa
de Copacabana entrei,

indo à caça de uma ondina,
Lorelai ou Lorelei.

Fui pelos bares atlânticos,
coração nos pés trancei,

vim pelos becos de dentro
como quem foge da lei.

no *Nibelungen's* do Leme,
na luz negra, a vislumbrei,

bebendo, a rir, mas não era
a que me ardia, e me dei

num castelo de cevada
que às valquírias levantei.

Noruegas, barbacãs,
pelo fosso penetrei,

por escadarias bruscas
pisos brumados galguei:

sobre o terraço, estampada
Lorelai em Lorelei,

lua lenta em água nua,
foi-se a dançar, e eu dancei

pelas rampas, pelas criptas,
pelas clausuras del-rei,

pelos enredos do bosque —
só neblinas assustei.

No fiorde da calada,
quando à ravina cheguei,

atrás do canto sem rumo
de Lorelailorelei,

eram harpas, lais pasmados,
vaialala laialei…

Espelhado no letargo
do fiorde despenquei,

um filho do nevoeiro,
nibelungo, me tornei.

Nibelungo desvalido,
pouco dado à minha grei,

anão da saga do ouro,
às minas natais voltei:

nas brenhas do Brumadinho
os gigantes enganei,

na lapa do Acaba Mundo
de meus irmãos apanhei,

alcovas, tumbas, escrínios,
larvarmente violei,

mas na bruma de mil anos
nosso anel não encontrei.

Tanta volta dá o mundo
do nosso anel, que me achei

sem saber se deste mundo
nibelungo sairei.

Sou a febre de algum sonho
de quem me sonha, sonhei.

Quando chegou o crepúsculo
dos deuses me acovardei,

violinos chamejantes,
flautas de fogo escutei,

pela trama do talvegue,
rato em brasa, deslizei,

quis sumir na minha cova,
por Brunehilde clamei,

entre as tochas do poente,
rato alado, me livrei,

num Reno de fogo frio
lentamente me apaguei:

talvez daqui a mil anos
um som de trompa serei.

Es war ein König in Thule,
lá em Thule tinha um rei,

que não bebeu nunca mais,
mas amanhã voltarei

à solidão luminosa
de Copacabana, eu sei.

Dreaming of Both (Rococó)

Thou hast nor youth nor age
But as it were an after dinner sleep
Dreaming of both.
Shakespeare — Measure for Measure

Thoughts of a dry brain in a dry season.
T.S. Eliot

A flower. You mentioned — doubtless with the double meaning —
a misty/mystical flower.
A flower with many a deep crooked finger,
keen and painful as human power.

Explicitly a rose. At formal parties you boasted
of an undeniable (though not too much visual) rose.
A disbelieved rose now; by either waning verse
or too pertinacious prose.

A meadow. A pasture for your saber-teeth. A babylonian meadow.
Stained or sacred now by your ravenous specious shadow.

A sea. You alluring here as shakespearean mirror
and there, large as you, was the sea.
But the sea is dying now by little degrees
which you are not able to stop or even to see.

A mind. You trusted at bay your quick animal mind.
Now an alarm-clock for tomorrow ready to wind.

A sky. Sincerely it didn't change your sky.
Starry as when your bottom like a waste moon
came to life, but sorrier when you'll die.

A heart. Once you had a sound haughy heart —
humourless tonight by such a downfall of grease and tart.

A childish monster sweet and funny as Boris Karloff.
Spoiled later on by fear and most by your show-off.

Winter. Like a spellbound Spring was Winter.
Look! Spring now spreads alone like a cold spinster.

You just loved to lull a dark-hair doll.
You don't at all: how could you lumbering and clutching in your
[atoll?

You assaulted a Sesame and sipped the money;
it drips still from your mouth but is lost its honey.

You had a word to open wide a door or to lock it, a key-word,
ambiguous as usual to-day but useless
as a glacial oath or an old sword.

Your nose — a gracious keatsian and almost grecian nose —
turned down nowadays by gravity and/or your sluggish newtonian
[pose.

Suddenly at dumb sunset the loquacious of light.
For your brief brightness and your lightning delight
and your time to accept that gentle good night.

And a song, a sad soft available croak of song
as you willy-nilly press the accelerator and move along.

A retrieved brook at last, the Peter Pan-break of a brook.
Look out! Just when is not around Captain Hook.

A sex!
Indeed a sex!
Perhaps! Perhaps!

So you have been in the right places
with your proper way to commend a luscious cheese or a full-bodied
[wine
and absent as a bear in a show or blissful as a bee in a hive.
Better to begin your backward count: ten, nine, eight, seven, six,
[five...

Mind! Oh Shelley! The trumpet of a prophecy! Mind!
If fifty-five comes, can zero be far behind?

NO FUNDO DO RIO RIO

COM OS RIOS DE MEUS TIOS
CARIOCA MERITI
MINHAS GROTAS DE ARREPIOS
MARACANÃ CATUMBI
COM MEUS PÍNCAROS BAIXADAS
CATACUMBA BOQUEIRÃO
MINHAS ILHAS LUNULADAS
VIRAPORANGA FUNDÃO
AO PÉ DE BELO ROCHEDO
UM ESPANTOSO PENEDO

COM MEUS MARES ENTUPIDOS
MEUS BECOS ARCOS CANCELAS
MEUS GABARITOS FALIDOS
PESTES BRANCAS AMARELAS
MELINDROSAS DE UMA VIDA
RUA TAYLOR CAFÉ NICE
BOCA DO MATO AVENIDA
BELAS ARTES RUA ALICE
MEUS CAFOFOS E CANDONGAS
MEUS ESTRUPÍCIOS MILONGAS

MEU VALONGO DESUMANO
RIO BRANCO DO SONETO
MEU INCHAÇO SUBURBANO
RIO DE LIMA BARRETO
DA TIJUCA DE ALENCAR
RIO ZAMBEZE D'ANGOLA

DE BANDEIRA À BEIRA-MAR
DE CHALÉ COM FLOR DO LADO
NOEL MACEDO MACHADO

COM MINHA GRAÇA MALANDRA
MEU CHORO NO LIVRAMENTO
MINHA FLAUTA SALAMANDRA
MANHÃ NATAL DE SÃO BENTO
RIO MEU DOS VIOLEIROS
MANOBREIROS DESPACHANTES
BABILÔNIA DE BICHEIROS
BISCATEIROS VIGILANTES
APRENDIZES DE SACANA
IRAJÁ — COPACABANA

RIO MINHO DOURO BEIRA
MINHA SURDA GALERIA
BREQUE DE VACA MINEIRA
MEU PADRÃO DE NOSTALGIA
MINHA TRANSA DO DIABO
MEU EXU DE CARA CHEIA
A PEDREIRA EM QUE ME ACABO
MEUS DEFUNTOS DE CADEIA
MEU BAR ETERNO RETORNO
CIRCULAR DA DOR DE CORNO

COM MINHAS MÃOS FERRAMENTAS
COM A DIREITA MAL PAGA
ASSOMBRAÇÕES MACILENTAS
A CANHOTA MUDA OU GAGA
COM MEU SALDO DEPRESSIVO
COM MEUS NERVOS NO SEU LAÇO

MEU FUTEBOL SEDATIVO
A DEMÊNCIA NO COMPASSO
MEU CORAÇÃO DE PERMEIO
ALTA TENSÃO NO BLOQUEIO

COM MEU ESPAÇO MENDIGO
COM MEU MURO CARMELITA
MEU MODERNO JÁ ANTIGO
MEU MEANDRO JESUÍTA
MINHAS RESSACAS FLAGELOS
MINHA FORCA NO ROCIO

MEUS MERCADOS PARALELOS
ENCANTADO LAVRADIO
COM MEUS RASTROS DE BARROCO
MEU BOM HUMOR NO SUFOCO

MINHAS COVAS LATEJANTES
MINHAS OBREIRAS DE ESQUINA
TREM FANTASMA DOS AMANTES
MINHA LAPA DE HEROÍNA
REAL GRANDEZA DO LUTO
COM MEU FUTURO QUE PASSA
MINHA GLÓRIA DO MINUTO
MEU PASSADO DE CHALAÇA
MINHA FALTA CRISTALINA
MINHA CONFUSA DOUTRINA

COM O COLAR DA BAÍA
COM MEUS CONFLITOS EMPÍRICOS
A DOIDA DONA MARIA
COM MEUS ENREDOS ONÍRICOS

COM MEUS PODERES TRANSATOS
COM MEU BREJO MAL TAPADO
MEUS CARCOMIDOS MEATOS
MEU SAMBA DESATIVADO
COM MEUS BICHOS SINGULARES
VINTE E CINCO DEUSES LARES

COM MEUS DESVÃOS DE MISÉRIA
MINHA FAVELA MARINHA
ALMA SUJA DE MATÉRIA
PRENDA MINHA PENHA MINHA
MINHAS HERMAS DE VIRTUDE
AS ROLETAS DE MEUS DEDOS
GAMBOA MANGUE SAÚDE
OS ASSALTOS DE MEUS MEDOS
AS TORQUESES DOS PRETORES
RIO COMPRIDO DE AMORES

COM MEUS POEMAS DE MORRO
MINHAS TRAVESSAS DE PROSA

AS DEMORAS DO SOCORRO
BECO DO TREM LAMPADOSA
IANSÃ DO PRAIA BAR
MEU PASTEL PARA VIAGEM
JANAÍNA DO ALCAZAR
MINHA GALERA SELVAGEM
MINHAS MARAFAS MEUS GANCHOS
MEUS DESPACHOS MEUS DESMANCHOS

COM MEUS HOTÉIS DEVOLUTOS
MEUS MILAGRES AO CONTRÁRIO
MEUS CONVENTOS DISSOLUTOS

DEMOLIÇÃO MEU FADÁRIO
CACHAÇA DE ENCRUZILHADA
A POLÍCIA DEUS-ME-GUARDE
MINHA NAVALHA DANADA
MEUS ENTERROS FIM DE TARDE
PRAÇA ONZE QUANDO ONDE
RIO PASSADO NO BONDE

MEU CARROSSEL ANALÍTICO
MEUS ESPASMOS DE JUSTIÇA
MEU HOSPITAL PARALÍTICO
MEU CAMBURÃO DE CARNIÇA
MEU CARNAVAL SUFOCANTE
SORRATEIRAS MADRUGADAS
MEU ADEUS A TODO INSTANTE
REVIRAVOLTAS ARMADAS
MEU CATETE ADOLESCENTE
RES REI DO PRESIDENTE

COM MEU CORETO CALADO
COM MEU MOURISCO DOÍDO
MEU LAMPIÃO APAGADO
MEU RIO FUNDO ESVAÍDO
SUMIDOURO RIO EXTINTO
TOU NA MINHA TÁS NA TUA
LEITO EM FOGO DO FAMINTO
TRAPOS TOMBADOS DA LUA

MEUS RIOS MORTOS MEU RIO
DAS CHEIAS DO MEU VAZIO

CORCOVADO SEM IDADE

CARA DE CÃO PIEDADE
SOU A CIDADE DO RIO
SOU O RIO DA CIDADE
ROLO A ROSNAR ERRADIO
SOU A SAUDADE DO RIO

MEU GANIDO DE VERDADE
MEU DEUS! EU SOU A CIDADE!

POEMAS ESPARSOS

Poema para ser cantado

Nas maremas nordestinas,
Nas ratoeiras das minas,
Nas falazes leopoldinas,
O povo não morrerá.
Usineiros de acidez,
Manganões de manganês,
Fabricantes de aridez,
Sei que o povo viverá.

Apesar de seus pesares,
De seus males milenares,
Tricotados nos teares,
O povo não morrerá.
Apesar de seus azares,
De nefandos calabares,
De sombrios salazares,
Sei que o povo viverá.

Enganado nos comícios,
Com promessas de armistícios,
A seus velhos sacrifícios,
O povo não morrerá.
Com a corda no pescoço
Tendo por jantar o osso
Que sobrou de seu almoço
Sei que o povo viverá.

Chova embora canivete,
Falaram Sacco e Vanzetti
(E a voz do povo repete):
O povo não morrerá.
Contra o bobo pedagogo,
Contra o lobo demagogo,
Contra o ferro, contra o fogo,
Sei que o povo viverá.

Arquivistas fatalistas,
Romancistas marmoristas,
Jornalistas pessimistas,
O povo não morrerá.
Marinheiros mensageiros,
Madeireiros jornaleiros,
Fuzileiros brasileiros,
Sei que o povo viverá.
Enjaulado nas vielas,
Ferroado nas cancelas,
Abatido nas favelas,
O povo não morrerá.
Apesar dos ministérios,
Apesar dos cemitérios,
Apesar dos necrotérios,
Sei que o povo viverá.

Tubarões do monopólio,
Esso, Gulf, Shell e Pólio,
Caranguejos do petróleo,
O povo não morrerá.
Ford Motor Corporation,
Anaconda Association,
Codes o'fair assassination,
Sei que o povo viverá.

Nos infernos das fornalhas,
Nos reversos das medalhas,
Nos anversos das navalhas,
O povo não morrerá.
Tardes mornas de setembro,
Noites quentes de novembro,
Alvas rubras de dezembro,
Sei que o povo viverá.

Atacado de anquilose,
Botulismo, brucelose,
Amaurose, silicose,
O povo não morrerá.
Dobre o sino pelo pobre,
Dobre o sino, dobre nobre,
Pelo pobre, dobre, dobre,
Sei que o povo viverá.

Com as mãos arrebentadas,
As entranhas devoradas,
As palavras amarradas,
O povo não morrerá.
Entre as frestas das torturas,
Por detrás das imposturas,
Por baixo das sepulturas,
Sei que o povo viverá.

No Brasil, na Argentina,
USA, Cuba, França, China,
Flor agreste da campina,
Só o povo reinará.
Um refrão novo e antigo,
Em redor da flor do trigo,

Minha amiga, meu amigo,
Só o povo reinará.

Só o povo reinará.
Só o povo reinará.
Só o povo reinará.
Só o povo reinará.
Só o povo reinará.
Só o povo reinará.
Só o povo reinará.
Só o povo reinará.

Publicado em *Violão de rua, volume 1**

* *Violão de rua: poemas para a liberdade*. Rio de Janeiro: Civilização Brasileira, 1962, v. 1.

Vivência

Moço que fica neste bar comigo
É meu amigo

Sente-se que algum mal o esvazia
Meu pobre amigo

Sorriso apenas não é alegria
Do meu amigo

Aquela puta quer dormir contigo
Com meu amigo

Mas que despossessão absoluta
Meu mau amigo

No ventre calcinado duma puta
Não há abrigo

Hás de chorar de bêbado e de pena
Como uma hiena

Hás de voltar à casa sem desejo
E sujo, amigo

Quando a manhã chegar sobre o outeiro
Meu triste amigo

Não vale mesmo a tua vida a pena
De ser vivida

Mas venderás um pouco de ti mesmo
Meu velho amigo

E esquecerás a dor que vai contigo
O teu castigo

Fechado ficarás em teus sentidos
Pungente amigo

Indevassável para a luz do sol
Que faz o trigo

Oh, porque neste Rio de Janeiro
Perdido amigo

Quero encontrar um coração veemente
De companheiro

Quero apertar a mão amiga e dura
Dum operário

Mão-martelo que prega a investidura
Do proletário.

Publicado em *Violão de rua, volume 3**

* *Violão de rua: poemas para a liberdade.* Rio de Janeiro: Civilização Brasileira, 1963, v. 3.

Poema de uma tradução

Com soluços finos
Longos, violinos
Do outono
Ferem minha alma
De um langor de calma
Que dá sono

Como soluços finos,
Longos, violinos
Do outono
Ferem o meu dia
Da monotonia
Que dá sono

Tudo sufocante,
Pálido, no instante
Das partidas;
Eu choro as cantigas
Das horas antigas
Revividas

Tudo sufocante,
Pálido, no instante
Em que choro,
Se as velhas cantigas
Das horas antigas
Rememoro

Soluços finos
Dos violinos
Do outono
Trazem-me à dor
Este langor
Que dá sono

Sem cor, sem ar,
Fico ao soar
Esta hora,
Lembrando antiga
Triste cantiga
Que chora

Soluços finos
Dos violinos

Os gritos finos
Dos violinos

Os trenos finos
Dos violinos

Os violinos
De longos trinos

Os longos trinos
Dos violinos

Soluços finos
Dos violinos
Do outono
Ferem minh'alma
Com uma calma
Que dá sono

Se a hora soa
Que me magoa,
Sou levado,
Sem cor, sem ar,
A relembrar
O passado

Soluços finos
De violinos
De outono

Se a hora soa
Que me ressoa
A finado,
Fico a chorar,
Sem cor, sem ar,
O passado

E em rodopio
O vento frio
Me transporta
De cá pra lá,
De lá pra cá,
Folha morta

Os gritos finos
Dos violinos
Do outono
Ferem minh'alma
Com uma calma
Que dá sono

Se soa a hora
Que comemora
O meu fado

Se soa a hora
Que comemora
Este enfado

Sem cor, sem ar,
Lembro a chorar
O passado

Os trinos finos
Dos violinos
Do outono
Ferindo vão
Meu coração
E dão sono

Sem cor, sem ar,
Fico a chorar
O meu fado,
Se soa a hora
Que rememora
O passado

Se soa a hora
Que comemora
Agonias,
Sem cor, sem ar,
Lembro a chorar
Os meus dias

Os violinos
De longos trinos
Do outono
Dão lassidão
Ao coração
E dão sono

Ferindo vão
Meu coração
E dão sono

Dão lassidão
Ao coração
Que tem sono

E quando dá
A hora má,
Branco, abafado,
Fico a chorar
Ao recordar
O passado

Ao ressoar
A hora, alvar,
Sufocado,
Choro os errantes
Dias distantes
Do passado

Ao ressoar,
A hora, alvar,
Rememoro
Os sufocantes
Dias distantes
Então choro

No ressoar
Da hora, alvar,
Me sufoco,
Quando os errantes

Dias distantes
Evoco

Em remoinho
O ar daninho

Os longos trinos
Dos violinos
Do outono
Ferem minh'alma
Com uma calma
Que dá sono

Ao ressoar
A hora, alvar,
Sufocado,
Choro os errantes
Dias distantes
Do passado

E em remoinho
O ar daninho
Me transporta
De cá pra lá
De lá pra cá,
Folha morta

Os longos trinos
Dos violinos

Publicado em *O anjo bêbado**

* *O anjo bêbado*. Rio de Janeiro: Sabiá, 1969.

Letra de choro para Lúcio Rangel

Um choro explica toda a minha vida,
a que vivi e a que senti, ouvida,
relembra meu futuro entrelaçado
no Rio do presente mas passado,

jarras ansiosas nas janelas
até que novas flores morem nelas,

bondes unindo o triste ao paraíso
de um beijo, de um abraço, de um sorriso,

tranças que se destrançam por um nada
se um anjo pula corda na calçada,

namorados dançando o ritual
do fogo na moldura do portal,

Copacabana doida a palpitar
de peixes de arrastão, a se excitar
na corola despida que se dá
ao mar, ao céu, ao sol, ao deus-dará,
contraponto de estrelas no Alcazar,
zíngaros no Alvear a flutuar,
borboletas bem-feitas nas esquinas
do mar, onde se queimam as ondinas,
mariposas morenas pelas ruas
(de colo ebúrneo ao ficarem nuas),

corcéis de ilusões acumuladas
nas reuniões do Derby, desgarradas
em longínquo tropel que se faz mito
nos prados invisíveis do infinito,
o calor que chovia em Realengo
o ir e vir do estio no Flamengo,

velas brancas dos barcos da baía,

Cosme Velho ao ver passar Joaquim Maria
com flores e pudor, na vespertina
nostalgia de dona Carolina,

doce frondosa avó de Cascadura
deitando pelo chão sombra madura,

bulevares do Norte com jasmins
modestos nos chalés, ternos jardins
suspensos na lembrança azul da Quinta
Boa Vista na década de trinta,

volutas femininas, capitéis
de luz que se derramam nos vergéis,
além com seus redondos horizontes
as ilhas do poeta, sem as pontes,

o subúrbio, clave da cidade,
Cavalcante, Encantado, Piedade,
Olaria do mago Pixinguinha,
Engenho Novo, Engenho da Rainha,
Boca do Mato, Cordovil, Caju,
Ramos, Rio Comprido, Grajaú,
percussão dos barracos de Mangueira,

batucada de bamba em Catumbi,
serestas ao luar de Andaraí,
praça Onze, convés do marinheiro,
Versalhes da rainha do Salgueiro,
o pandeiro de Paulo da Portela,
os tamborins descalços da favela,

vila Isabel com seus oitis franjados,

recreio dos pardais sobre os telhados
imperiais de São Cristóvão, cânticos
emudecidos de barões românticos,

degraus da escadaria alabastrina
dando acesso à Pensão Dona Corina,

trepadeiras comuns pelas barrancas
vermelhas da Central, roxas, brancas,

doçura da mangueira suburbana
a dar sombra do céu, virgiliana,

ternura da cozinha das Gamboas
de nossa vida, vatapás, leitoas

gentis, siris sutis, viris peixadas,
angelical langor das feijoadas,

manacás da Tijuca, quaresmeiras
da Gávea, do Joá, caramboleiras
das chácaras dolentes do poente,
cajueiros das praias do nascente,

palacetes florais de Botafogo,
olhando a multidão depois do jogo
de futebol, naquele antigamente
que pode ser passado e ser presente,
empada devorada no automático
por um pierrô noturno e enigmático,

sambistas estivais do Café Nice,
meiguice da Lallet, linda meiguice,

o sorveteiro singrando pelo Rio
na popa de comando do navio,

a bailar como as plumas do coqueiro,
ave-do-paraíso, o vassoureiro,

violões enluarados nos pomares,

veludos de formosos lupanares
na Lapa dos simpósios de piano
de Ovalle, Villa, dom chopiniano
das decaídas, lindas decaídas
(musicalíssimas mulheres, vidas
paralelas aos reposteiros graves
das pensões respeitosas e suaves),
céus mestiços de junho, céus vibrantes
de abril deitando azul sobre os amantes,

e a melodia segue espiralada
pela noite da alma arrebatada
em caracóis de anelos, refrações
do coração, meandros, digressões
do sentimento, viravoltas puras,

labirintos de amor, arquiteturas
de André, Jacó, Luperce e Honorino,
Lacerda, Pernambuco e Severino,
Zequinha, Dilermando e Biliano,
Radamés, Eduardo, Americano,
e enfim no choro astral do grande Alfredo,
segredo — é claro — aqui tudo é segredo.

Publicado em *O anjo bêbado**

* *O anjo bêbado*. Rio de Janeiro: Sabiá, 1969.

Poema a Otto Lara Resende ou Vinte e três agostos no coração

O segredo não se revela.
Teu mistério é um verso difícil
caminhando da infância para os descampados.
És irmão do esmalte, feito de aurora,
de imponderável
desesperança sobre a cara das coisas.
Tua comoção policiada esconde
as lutas do tempo, as insônias,
as ruas desenganadas, o sol de estio
sobre laranjais proibidos do colegial.

Possuo o passaporte do infinito:
uma rosa, um canto, uma pintura,
tanto faz: inaugurar o mundo.
E tudo é abismo, e tudo é tarde
e sobre tudo cai a cinza dos poemas.
Mas a solidão não tem sentido. Sabes
que na lucidez da madrugada
um amigo te entende e outro te chama
e um quer te ajudar
e o outro te convida para a jornada
e quer mostrar-te a pedreira de mil faces,
e todos querem saber de ti, da tua bruma,
das visões inenarráveis do melancólico.

Nem tudo é proibido como as alegrias.
Além delas, certas coisas valem a pena:
compor o soneto da meninice,

vagar de pijama por um pasto molhado,
voltar a certos lugares, ver
como mergulham as gaivotas,
aprender a malícia do mar,
contar o tombo no pátio, a fuga do padre,
providenciar a viagem, o espetáculo,
o baile de amanhã, o encontro das sete,
perceber de repente
que a vida foi mais amada do que pensávamos.
Certos ritmos são definitivos
e exigem resposta.
Quando falta o ritmo,
nos sobra mais humanidade
(e a gente sorri).
Depois,
existe o amigo morto, comum,
existem amigos repartidos no tempo,
nas cidades,
a estranheza de cada um,
(doce de recordar),
existe entre rosas e confidências, na ilha —
e não sabemos seu nome.
Às vezes, preciso de ti, demais.
Certas ideias, certas emoções,
certas sutilezas de céu exigem tua presença.
E, então, envenenado, me apontam nos bares,
nas ruas, como o pensativo, o triste,
o inconsolado. Mas é de ti que preciso.
Sem ti, não há história,
os olhos represam as palavras, me denunciam,
e a vida em mim regressa ao silêncio.
Te conheço pouco. As horas não contam.
Há gestos imemoriais em ti, há um jardim

debaixo da terra, lírios sufocados
e tudo às vezes é de prata como um rio,
como palmeiras sob a lua.

Mas onde escondes teu soluço?
Tens um soluço, eu sei,
tens milhões de lágrimas, eu sei.
Talvez, na escada escura
conduzindo à capela.
Nos passos do pai impedindo o sono?
Nos cabelos da menina à luz da fresta?

Não sei, não sou Augusto,
não sei nada,
e apenas quisera,
mas o mundo não se desvenda como um palco de Deus, adeus.

Publicado em *Carta a Otto ou Um coração em agosto**

* *Carta a Otto ou Um coração em agosto*. Edição e posfácio Elvia Bezerra. São Paulo: Instituto Moreira Salles, 2012.

Morte do fantasma

Foi-se o fantasma de Hangover Square.
Os ventos viúvos vestidos de preto
levaram o cadáver aos campanários.

Improvisai exéquias, pálidas andorinhas —
morreu o fantasma de Hangover Square.
Casuarinas mercenárias, chorai —
morreu o fantasma de Hangover Square.
Como um cata-vento no outono,
como um castelo assinalado nos vales
era o fantasma de Hangover Square.
Persuasivos seus olhos azuis
e de arrogante recato seu silêncio de névoas.

O tempo agora é de cal e desprezo
nas universidades ancoradas em geometria euclidiana.
Porque ele já não vive,
porque ele se acabou,
o fantasma de Hangover Square.
Os condados escoceses eram seus,
as velhas distribuíam nos caminhos suas maldições,
mas morreu,
morreu numa noite em Hangover Square.
De que vale agora seu malefício?
O medo levado às policlínicas?
He's gone, Lady,
the ghost of Hangover Square.

Era bom ser feliz em Hangover Square.
Dominar dos beirais o tráfego das estrelas,
presidir o crime combinado entre sussurros,
e ir rolando, rolando,
whirling in the bells of Hangover Square.
Era bom,
depois de suplantar a tarde,
ser o espantalho das serranias,
comprar as almas por um guinéu
e, entrando num sótão, dedilhar um piano condenado,
era suave tarefa em Hangover Square.

Era bom não ter memória
em Hangover Square.
But he's dead, Lady,
at Hangover Square
buried in the wind of Hangover Square.

Correio da Manhã, 24 de março de 1946

Sonetos

1

Esta ausência de sonho e de esperança,
Este desejo vivo mas proscrito,
A incerteza da morte e do infinito
E este eterno mistério que me cansa.

Esta vontade de uma vida mansa
Na tentação de outro viver maldito
E condenar-me ao tédio um velho aflito
E deste fim salvar-me uma criança.

Ter os olhos no céu e ver na terra
A tessitura atroz e transparente
Dos crimes vãos e da saudade casta

Para sentir no espaço que me aterra
Fatalidade dura e paciente
A branca solidão que me devasta.

2

Dissesse o que dissesse, fico triste,
Das tardes vastas moço enamorado
A confirmar a mágoa que sentiste
No meu olhar em sonhos enredado.

Dissesse o que dissesse, tu fugiste
Do lado meu às sombras de outro lado,
Onde um silêncio mineral existe
E não existe amor humanizado.

Dissesse o que dissesse, eras a minha
Esperança vivida e falecida,
Fraqueza que me fez muito mais forte.

Dissesse o que dissesse, eu já não tinha
Nenhum motivo sério para a vida
E nem temperamento para a morte.

3

Agora percebemos todo o mal
De tua morte. Estranha permaneces,
Calma, como se fora natural
Amanhecer assim como amanheces.

Porém na morte se outra vez se atreve
À vida, quem sofreu por ser temente
De aqui na terra esvanecer-se breve
O testemunho de que foi presente,

Se o sono obstinado de quem morre
For a promessa de acordar isento
Do engano triste que da vida ocorre
Para a vida real do sentimento,

Estamos para sempre confundidos
No mundo que nos pensa desunidos.

Diário Carioca, 6 de julho de 1947 (edição 5835)

Pressentimento da morte*

Quando a morte me abrir as asas mansas
E o silêncio chegar-me aos ossos duros,
Caminharão a sós meus pés impuros
Incertos pela névoa das lembranças.

Verei aquelas tristes esperanças
— Ventura dos instantes inseguros —
Com que escrevi há tempos pelos muros:
"Enquanto a morte tarda, não descansas".

Que não cubram de flores minha paz!
A inquietação que trago malsofrida
A morte, se disfarça, não desfaz.

Que a solidão da morte não me aterre!
Perdida em solidões durante a vida,
Minh'alma solitária se desterre.

O Jornal (RJ), 14 de setembro de 1947

* A última estrofe deste poema foi publicada, com pequena alteração, em *Transumanas*, sob o título "Terceto".

Retorno a Belo Horizonte

I

Sinto que posso viver em qualquer parte.
É sempre uma história.
O tempo impregna os telhados como a própria noite.
Ou a morte dentro dos ossos nostálgicos.
O vento esflora os lirismos parados.
Vem dos lagos ingênuos
Uma razão de plantas maceradas.

Às vezes não se pode nem tocar na alma.
Ignoro a minha dor.
Está morta.
Sozinho na praça,
Perturbo o trânsito dos ventos.
As palmeiras me enlaçam.
Eu te compreendo,
Mas volto intacto,
Quase indiferente.
Quase indiferente...
Tuas serranias tão tristes.
Ao teu amavio, meu corpo se fecha
Como um teatro infinito.

Quando já é de madrugada,
Eu digo ao meu amigo: "Já é de madrugada...".
Vamos beber ternura de fonte fresca.

Me compreendes, cidade,
Transfiguras minha poesia,
Meu jeito de aceitar as coisas da morte,
A morte das coisas.

Talvez nem estejas dormindo
Me espiando na brancura do casario,
Talvez nem seja a madrugada,
Apenas minha alma que profetiza.
Dorme. És minha,
Quase uma praia.

II

Exala-se dos lajedos um bando de insetos,
Confidências pululantes.
Há um tropel de morte nas pedras,
O eco multiplicado cem vezes de meus passos.
São sempre as mesmas pedras, duras e inexplicáveis.

Debruço-me sobre algumas ruas
E é como se meus lábios tocassem um muro que separa,
As horas mortas rolam nas calçadas,
Do bojo das árvores.

Desfolham-se gritos maduros,
Meus ossos cresceram, ficaram mais tristes
Empapados de morte.

Vou andando.
Não denuncio nada: vou andando.
Ninguém descobre nada: vou andando.
Bastam-me os pés para timbrar um destino: vou andando.

Impávidas pedras, hei de pisar-vos impávido,
Firme e raivoso como se andasse para a morte.

III

A praça da Liberdade tem palmeiras incorruptíveis
Mas debaixo rasteja um tento da terra. O vento é meu.
Ele vem do alto do Cruzeiro, onde minha infância respirou o cheiro
[forte
Dos pinheiros e vai acabar no Acaba Mundo que eu conheço bem.
Recolho cântaros partidos, ainda vivos de uma vida antiga.
Aqui nascem os poetas. Nascem aqui os pianos da madrugada,
Ocultos entre a folhagem e uma ciranda de sombra.
Todas as emoções são exprimíveis. Não há verso preso na garganta
Que não tenha sua Jerusalém triunfal.

IV

Meus pés sabem andar, meus pés conhecem os caminhos da vida
Mas agora, transeuntes da névoa, estão voltando, voltando.

As pegadas se desmancham num chão irreal de muitos anos.
Algumas noites ficaram. Algumas auroras ficaram. Ficaram algumas
[tardes,
Perfeitas no cuidado de eternizar uma lembrança, ficaram
Certas janelas (de onde como outrora não surge uma visão
[candente),
Ficaram ângulos afetuosos, ficaram fábulas de amanhecer, ficaram
Alguns portos de mar em minh'alma, de onde nunca pude partir.
Do alto desses cais meus pés balouçam quiméricos sobre a flor das
[águas.
Neste momento, o coração é o próprio tempo, encharcado de
[presságios

E não sei se devo alongar sobre estas pedras as raízes do meu corpo
Para crescer entre as coisas que fui,
Devo cavar com as unhas, devo cortar meus lábios no lajedo,
Devo arranhar os muros verdes da serra, devo bater com o punho no
[bronze de todas as horas,
Porque nesta cidade estou sepultado, ó lágrima,
E sob estes caminhos meu coração palpita.

Folha do Norte (Belém), 7 de dezembro de 1947

Fazenda

As nuvens
Que reinavam na montanha
Deitavam tardes meigas na fazenda.
Comias gabirobas
E a sorrir no ar de Deus
Brincavas na colina.
Embora teu pavor das cobras,
Ias de pé no chão à fonte vagarosa
Desentadando as borbolentas (dizias).
Te levava pra longe,
Onde sonhavas,
Impenitentemente enternecida.
Eras somente a namorada
A praia sensual
Das mais puras emoções,
Aparição de abril em flor,
Repouso.

Diário Carioca, 13 de junho de 1948 (edição 6123)

O último dia

Minhas pálpebras fecharão suaves
Como a flor da noite à luz da aurora.
Triste entre os tristes serás,
Comigo envolta nos mantos da morte.

Como agora a morte é longe de teus olhos!
Mas repara no silêncio dos caules crescendo,
Ouve o mar praiando nas desoladas areias,
Pensa na luz da estrela caminhando,
Nas violetas sequiosas que murcharam.
Ah! Beijarás as minhas mãos cansadas!
Não verás o sol caindo na montanha
Onde os barcos mortuários estarão à espera.
Me levarás até os portões do esquecimento
Onde os últimos cantos se entoarão,
Não mais alegres e dispersos
— Como os amei em vida —
Mas uníssonos e definitivos
Nos meus ouvidos ungidos e fechados.
No meu coração
Todas as cores morreram.
Depois, minha lembrança irá aos poucos
Emigrando de tua alma.

Diário Carioca, 13 de junho de 1948 (edição 6123)

Definição do efêmero

Não é o efêmero um passo familiar
Sobre as tábuas do sótão, pronto a desabar.
Nem ave vigiando o martírio do homem,
Mas o efêmero sucede,
Acontece em nossa vigília assustada
E vemos que a morte já existe em nós
Como um círculo,
Branca e imóvel, mas com todos os braços, ó desespero.
Não há convivência no mundo
Senão uma palavra curta
E o vazio por cima.

Diário Carioca, 29 de agosto de 1948 (edição 6189)

Em Copacabana

Já resplandece um pouco no céu pálido o farol da Ilha Rasa.
Não olhemos as vagas como antigamente,
Não sejamos o eco perturbado de uma voz infinita.
Pousa sobre as ondas teus olhos sonhadores.
A solidão da vida é muito longa, e antes de entenderes
Qualquer coisa, a névoa da noite envolverá teu rosto.
Escuta o troar das ondas na linha espumejante.
Escuta uma vez mais, vê com que terrível cadência
Pulsam na praia as águas desatadas.

Treme tua mão enlaçada em minha mão.
Mas bem sabes que a linguagem do mar existe em nós
E que outro merecimento não temos,
Outro segredo, outra beleza, outra esperança,
Senão o de termos ouvido juntos os cantos do universo.
Muitas outras vezes caminharemos distraídos
Por essa mesma praia, a essa mesma hora de incerteza.
Seremos talvez mais felizes, descuidosos e fáceis,
Mas sobre nossas pálpebras há de pesar a solidão.
Entretanto neste instante o mistério nos reúne,
E sem compreender o mar, os pescadores, as canoas,
A cintilação das estrelas na luz indecisa,
E essa melancolia mais forte do que a nossa ventura,
Compreendemos nosso amor simples e profundo.

Diário Carioca, 13 de junho de 1948 (edição 6123)

Soneto de Anaia

Por teus quadris que dançam, por teu riso
Que morde a flor das águas, azagaia
De mil guizos, por teu perfil conciso
Como o soneto e claro como a praia,

Por não teres desdém nem prejuízo
Contra este amor que tenho e me desmaia
Em ti, por tudo, embora de improviso
Seja muito difícil, faço, Anaia,

Faço este teu poema, pois me pedes.
Mas escrevê-lo-ia mesmo à toa
Porque pelo meu verso tu sucedes

Como a lua que rola compelida
Por montanhas e vales distraída
E acaba refletida na lagoa.

Diário Carioca, 10 de outubro de 1948 (edição 6225)

Poema entrecortado

Conto as horas da vida no relógio de sol.
Condenado como os pássaros.
Tarde, manhã, noite densa.
Repito: tarde, manhã, noite densa...
Aconteceu tudo de repente. Estou morto.

Uma flor emigrou para a terra da neve.
Condenada como os pássaros.
O vento do mar alto é de cortar o coração.
Não sinto mais meu coração.

Amores fáceis, amores difíceis, amores eternos —
Ainda guardo uma ternura indireta, uma aflição tão viva.
E estou morto, condenado como os pássaros.
À boca da noite embriaguei-me docemente.

Protegido dos fogos maiores, resisto numa cidade cruel.
A cidade dos pássaros.
Fiquei lendo os poetas que falam do mar,
Dos pássaros do mar.

Só tenho de meu uma tristeza alta.
Como os pássaros.
E umas tardes de setembro de 1942.

Diário Carioca, 5 de dezembro de 1948 (edição 6272)

De volta do *weekend*

Se perguntar por mim digo que sonho
Traçando figuras no chão, subindo às pedras.
Digo que aprendo o rasto do animal
O voo das perdizes
E mais intimamente
Uma comparação de folha tenra, de remanso
E a uva ácida dos trópicos.
Muito tempo fiquei pelas cidades
Entre o desejo, a posse e o cansaço
Estendendo a mão ao copo de bebida
Bisonho como ator de teatro pobre
À luz crua da ribalta.
Muito tempo me expus aos seus desastres
Às misérias da prostituta
Assassinato por ciúme
Suicídio por embriaguez
Ou entorpecimento por desânimo.
Muito tempo fui o autômato
Usava máscara de papelão nas tardes de *ballet*
Aprendi as práticas do amor
E dobrei-me à vontade dos indignos.
Não digo que a cidade impeça o canto mais nobre.
Muito aprendemos de seu egoísmo
De seus acidentes mortais
E de sua incompetência para o amor.
Digo que precisamos ser pacientes como os bois
Para que as aves pousem em nossos ombros
Digo que precisamos ser tal qual os rios

Água turva no tempo da borrasca
Água límpida na estação calmosa
Quando os frutos maduros tombam na corrente.
As cidades costumam ser ao pé do mar
E têm tantas riquezas
Mas quem souber esperar o momento do retorno
Esse poderá passear sob as ramagens, pensando,
E então contar que sua vida não é ponto imóvel no tempo
Mas uma luz que se desloca entre cintilações diferentes.
A paz de quem se agitou demasiado
Não é paz — é começo, é convergência
A tentativa de narrar na calma aparente dos hábitos
Uma conversação de muitas falas.

Pouco importa, nesta latitude medieval, nesta pobreza,
Que eu me sinta um poeta pequenino.
De um fulgor persistente a estrela nasce.
Se um astro apenas se mostrasse à terra,
Seria bem maior a nossa angústia. Porque são muitos,
Somos levados a pensar nas leis do equilíbrio
E uma lei não é milagre na terra, mas uma construção que terminou.
Nós, procurando ver Deus no prodígio,
De nossas roupas o vestimos —
Porque prodígio somos nós.
Por isso, aqui,
Nesta absoluta coerência de meus gestos,
Concordando a vontade à poesia,
Procuro reunir meus pensamentos
Como alguém que recolhe suas rezas na hora do crepúsculo.
Quero a gravidade de um dever a cumprir
Ser natural como quem não aprendeu mais nada
Senão a pensar com palavras e denunciar esperança.
Que não as esgarce um brilho excessivo,

A sua excitação não me confunda como um vinho forte.
Me aproximo de um Deus com os meus pensamentos
Nesta hora bem próxima dos crepúsculos,
Porque agora deve ser muito diferente,
Agora aprendi muitos compassos
E os músculos repousam.
Que não leve comigo o desejo feroz de novas emoções
Porque passou depressa a juventude
Porque vou mudar de vida à medida que envelheço
Porque o estrago do corpo deve ser outro começo
Não apenas o momento de quebrar a taça
Que não traz mais consolação.

Se perguntar por mim aponto as pedras
Digo que sonho e que meu sonho é pensamento.

Diário Carioca, 27 de março de 1949 (edição 6364)

Choque operatório

Bloqueada a aorta, o coração ainda pulsa
Como pulsa o caçador submarino.
Longe cai um rio que aciona uma turbina.
Meu coração está seco em solidão.
Penso em Tristão e Isolda,
Nos romancistas pelágicos,
Nas glândulas de Pascal confabulando murmúrios.
Penso em Artur com a sua violência necessária,
No pobre Paulo com a sua lua de absinto.

Sou o Movimento e o Meio,
A máquina do mar,
O petróleo,
A incessante troca das matérias vivas.

Em um golfo de sangue me espedaço.

Correio da Manhã, 27 de julho de 1957 (edição 19735)

As aicenescas

Ó meninas aicenescas
de peitos frios, polares,
folhas secas, flores frescas
dos lajedos tumulares,
vossos olhos são mais frios
que as matinas monacais,
vossos pés são como os rios
também frios e fatais.
Descem luas enleadas
sobre os ombros do pastor,
não desceis nem amarradas
pelas volutas do amor.
Entretanto, pebas puras,
vós, tão puras, escondeis
coisas graves mas escuras
que não sei se encontrareis.
Vossa virtude vadia,
filhas difíceis dos ares,
nas areias da abulia
são quietudes glandulares.
Sabe Deus que triste é vê-las
sem jamais as degelar:
nosso amor tem mais estrelas
que o teto escuro do mar.

Diário Carioca, 3 de setembro de 1960 (edição 9873)

As apébicas

Cariátides apáticas,
flores esdrúxulas sois!
Pálidas e nevropáticas,
nunca túrgidas depois.
Que na lira agora canto,
de um valor pobre e franzino,
apébicas tristes do Anto,
de Musset e Marcolino.
Desfile de meias nylon,
pernas magras de mulher,
nunca nos sonhos de Byron,
sempre nos de Baudelaire.
Rosas sois subnutridas,
garças aflitas da tarde,
carolas despercebidas...

Pobres fêmeas sem alarde.

Diário Carioca, 3 de setembro de 1960 (edição 9873)

Soneto a quatro mãos*

(com Vinicius de Moraes)

Tudo de amor que existe em mim foi dado.
Tudo que fala em mim de amor foi dito.
Do nada em mim o amor fez o infinito
Que por muito tornou-me escravizado.
Tão pródigo de amor, fiquei coitado.
Tão fácil para amar, fiquei proscrito.
Cada coisa que dei ergueu-se em grito
Contra o meu próprio amar demasiado.
Tenho dado de amor mais que coubesse
Nesse meu pobre coração humano
Desse eterno amor meu antes não desse:
Pois se por tanto amar me fiz engano
Melhor fora que desse e recebesse
Para viver da vida o amor sem dano.

Diário Carioca, 3 de setembro de 1960 (edição 9873)

* Este poema foi publicado, com pequenas alterações, no *Correio da Manhã* (RJ), a 1º de dezembro de 1946, em versão reproduzida no livro *Vinicius de Moraes* (Rio de Janeiro: Sabiá Produções Artísticas, 1988).

Lírica do pensamento

Este espaço é meu, povoado de aspirações em calma.
Compreendo este vento que respira sobre as casas,
Esta tranquilidade das coisas em efêmero.
Grinaldas se suspendem contra o céu. Este espaço é meu.
Que crime se conspira? É a morte?
Que vozes se articulam? É a vida?
Meu poder na verdade é bem pequeno:
Ergo-me das ruínas de ter sofrido.
Recuso disposições tristes, ah, tão tristes,
Aceito o ar da terra em meus pulmões.

Meu poder decerto é pouco em mundo tão estranho.
Penso nos antigos, florações vivíssimas de milagre,
Mágico em seu destino, crispações e alegria.
Quem me dera o sinal que trouxeram para a vida
— Morte e ressurreição —
Quem me dera como eles o poder do sofrimento.
Entretanto, nesta varanda bafejada de crepúsculo,
Já me enriqueço de obscuras esperanças.

Diário Carioca, 20 de novembro de 1960 (edição 9939)

"Depois da solidão quando menino"*

Depois da solidão quando menino
E o horror da terrível divindade,
Depois das contorções da puberdade
E a morte sobre o gume do destino,

Depois do amor, meu fácil desatino,

E dos punhais escuros da saudade,
Depois da lucidez e da maldade
Com que desfiz o engano matutino,

Depois de ter a alma naufragada
No sentimento de não ter raízes
(Nem no céu nem na terra tenho nada),

Depois de tanto espaço de tristeza,
Há nos meus olhos dias mais felizes
E um pouco de alegria, de pureza

Manchete, 8 de abril de 1967

* Este poema foi publicado, com pequenas alterações, no *Diário Carioca*, em 19 de agosto de 1960, sob o título "Comum".

Na grota

Tinha verdejando bem uma muda de pau-brasil patrioticamente
[conquistada no Ministério da Agricultura.
Tinha um príncipe-negro iluminando o jardim com a luz de terras
[profundas de Minas Gerais.
Tinha uma buganvília brique já firmada para a vida alastrando-se
[sobre a pedra da cozinha.
Tinha onze-horas compondo quadros de Renoir pela margem do
[caminho.
Tinha dinheiro-em-penca.
Tinha uma quaresmeira de duas cores à beira do riacho embora a
[outra tivesse morrido.
Tinha sempre florindo a nossa dadivosa maria-sem-vergonha.
Tinha uma limeira apanhada no mato que já vencera a luta contra a
[morte.
Tinha rosas amarelas e outras brancas e outras vermelhas.
Tinha as mesmas delicadas balsaminas que Colette cultivava e amava
[no deserto da idade avançada.
Tinha pimenteiras nascentes.
Tinha latas de cerveja geladinhas aguardando a sede ensolarada de
[um fim de semana.
Tinha um aparelho de fondue ainda virgem com aquele fulgor bonito
[e cigano do cobre batido.
Tinha Maria Aparecida.
Tinha a renda verde da hera nos muros do riacho.
Tinha pinga de Paracatu.
Tinha queijo de Minas.
Tinha amigos de Minas, do Rio, do Estado do Rio e beija-flores que
[poderiam ter vindo de qualquer parte das Américas.

Tinha dois melros, alguns canários, um bicudo.
Tinha onze filhotes das duas cadelas vira-latas, todos uma graça.
Tinha a um quilômetro de distância um telefone para a gente à hora
[que desejasse conversar com a estudante de Campos.
Tinha alguns livros essenciais nas prateleiras rústicas inclusive um
[manual do perfeito jardineiro.
Tinha na horta salsa e cebolinha e mostarda.
Tinha uma rede amarrada numa árvore que tanto podia ser
[gambá-melado como jacarandá-miúdo.
Tinha uma galinha-d'angola que do alto do morro saudava todas as
[manhãs a frota invisível de Vasco da Gama.
Tinha aipim e batata-doce e caqui e mexerica.
Tinha um frio que dava para a desculpa de ter de acender a lareira.
Tinha as primeiras florações de papagaio-dobrado.
Tinha mulheres indo e vindo pela cozinha com uma espontaneidade
[eterna-materna.
Tinha vinho nacional bem bonzinho.
Tinha o barulhinho das águas nascentes.
Tinha água na caixa de sair pelo ladrão.
Tinha um antúrio de qualidade, zínias, lírios-amarelos, camélias,
[nasturtium.
Tinha pombas partindo ou voltando para os altos da bandarra.
Tinha automóvel à porta coberto da flor vermelha do capuchinho.
Tinha no bolso um dinheirinho.
Tinha uma arara comendo sementes de girassol.
Tinha uma coisa diferente e feliz na aragem.
Os impostos quase pagos, os papéis em ordem.

Tinha entretanto um sabiá morto boiando na água do poço.
Sem qualquer sentimentalidade.
Tinha um sabiá ferido sangrando no peito.
Morto a boiar na água do poço.

Manchete, 26 de maio de 1973

Morro da Babilônia*

Meus intestinos estão sem fermento.
Meu fígado se derramou por terra.
Lamentações 2,11

Os judeus me chamavam de Saul.

Na Zona Sul,
com juvenil realeza,
rompia peito aberto a zaga dos filisteus.

Fio por fio de beleza,
à tardinha me entretecia no manto
azul em flor da cor do mar dos olhos teus.

Hoje, no entanto,
depois dos sessenta, largado de Deus,
todo o meu ermo acata,
de direito e de fato,
os trapos desta favela franciscana,
os assaltos senis de Jezebel — a gata —
e as lamentações de Jeremias — um gato.

Profeta às avessas, às vezes me exalta um sujo espanto.

* Uma versão deste poema, com pequenas alterações, foi publicada no *Jornal do Brasil* (RJ) em 21 de fevereiro de 1987.

Então eu canto,
Canto este rançoso céu de ratazana.

Jeremias... Jezebel... Jeremias...
Agora há quem me chame Jeremias de Copacabana.

Minas Gerais, 5 de dezembro de 1987 (edição 1090)

Versos

Existem: são cisnes: existir
é ter partido:
pois partem, paralelos, confidentes
do encontro no branco infinito:

Onde o canto de adeus terá sentido:

Entrementes:
Fica o dito por não dito.

Minas Gerais, 5 de dezembro de 1987 (edição 1090)

Manchetes para 1988

Já embrulhados somos de meninos!
Assuntos do Brasil são intestinos
Negada moratória aos inquilinos
Estuda-se a questão da paridade
Irídio! Césio! Resistir quem há de?
Reaberto o debate dos bandidos
Os consumistas vão ser consumidos!

Filé com fritas vai virando status
Em guerra suja ratos comem gatos
Viabilizar é a solução
É só cair da quarta dimensão
Religado afinal o sim ao não
Esperança é broa de fubá
Índios também pleiteiam bomba H
Reajustes abaixo das tabelas
Ondas verdes de greves amarelas!

Mendicância é caso de polícia
Assalto já dançou como notícia
Rio sem água! Ninguém mais se banha!
Çoçaite quebra o galho com champanha
O mês de março faz lembrar agosto!

Abril é lindo pra subir imposto!
Barraco tomba dentro do buraco
Ratos roeram restos do barraco
Inda há quem confie no amanhã
Leão não dá mordidas em Tarzã!

Ministro diz que dá, não dá, aumento!
Analfabeto vira monumento!
Indo assim, voltaremos ao começo
Os balões vão subir, subindo o preço

Jamais tantos deveram a tão poucos!
Um louco só não faz país de loucos
Na cabeça dá piolho brasileiro
Hoje o Brasil já enche o mundo inteiro
O país nunca foi bom caloteiro

Junho finado, julho pede vez
Um sonho verde em cinza se desfez
Louvado seja o leão do mês!
Há gente aquém além do que convém
O porvir do Brasil perdeu o trem!

Aposentados são terminativos
Governo não cultiva partitivos
O balanço começa a dar enjoo
Sem visibilidade não há voo
Tem flexibilidade, dá-se um jeito!
O país é pretérito perfeito

Subindo assim, vamos cair na lua!
Estilo brasileiro está na rua
Tambores profetizam o Carnaval
Espera-se um milagre? Sim, fiscal!
Marajá pede aumento de salário!
Brasil recorre ao Fundo Monetário
Recorre! Recorreu! Recorrerá!
O Fundo é pra quem pede e pra quem dá

Os bicheiros vão dar uma mãozinha
Um país pode ser de mentirinha
Todo o problema é teres ou não teres
Um bem-te-vi falou nos Três Poderes
Bumbum de fora tá ficando chato
Repartido afinal o plano prato
O nosso desemprego é um barato!

Não há como comer a inflação
O fisco mata mil na contramão
Vigente o nível de desnutrição
Estado não quer mais salamaleque
Mulher da vida não aceita cheque
Bateram a carteira do Brasil
Restará nosso peito juvenil
O culpado de tudo foi Cabral

Devolva-se o Brasil a Portugal
É preferível ano sem nariz
Zebra não dá no Clube de Paris
É duro, sem miragem, o deserto!
Ministro diz que tudo tá bem perto
Brasil sempre chutou até dar certo
Regresso de Noel! O bom velhote!
O povo vai chupar novo pacote

Jornal do Brasil, 3 de janeiro de 1988

Nova canção do exílio

Minha terra tem palmeiras,
onde canta o sabiá,
mas meu rabicho é Paris,
onde sabiá não dá.

Não sei se vou pra Turquia,
não sei onde vou ciscar,
não sou forte em geografia,
mas daqui vou me mandar.

Minha terra tá de cama,
tá de espinhela caída,
desde o dia da derrama
não toma tento na vida.

Vou vender pé de moleque
no pico da Torre Eiffel,
depois manjo bifesteque
rodando no carrossel.

Como galinha à *l'anglaise*,
como arroz à portuguesa,
bonne femme à la française
eu traço na sobremesa.

Eta vida caningada,
vou largar o cafundó,
quero pescar de chumbada
nas ribas do rio Pó.

Quem diz que nossa diamba
em Nova Iorque não dá?
Vou curtir minha maconha
no Central Parque de lá!

Mando buscar maniçoba,
canjiquinha, cará, cana,
araticum, gabiroba,
torresmo, couve, banana.

Aqui meu ganho é bem pouco,
como broa de fubá,
vou vender água de coco
pelas ruas de Rabá.

Vou correr as Alemanhas,
a de cá como a de lá...
Sou groteiro de braganhas...
Bratwurst. Wie das da.

Um mineiro, minha gente,
é capaz de muita lábia,
empurra linguiça quente
nos areião das Arábia.

Quero entrar na brancura
do verão do Canadá,
quero gozar a frescura
do inverno de Calcutá.

Quem tem boca vai a Roma,
recebe bênção do papa;
um gringo mineiro embroma
com bate-papo e garapa.

Eu faço a tal de Pomona
dançar forró no museu!
Vou ser Nero de sanfona
no meio do Coliseu!

Vai ter medo de leão
quem come cobra e lacraia?!
Pode vir um trileão,
que passo rabo de arraia.

Vou lascar meu castelhano,
sou ladino em franciú,
me defendo em africano,
sei saltar de canguru.

Minha terra tem dinheiro
que só canta em outra terra;
vou pegar meu candeeiro,
me mandar pra Inglaterra.

O cruzado é uma traíra,
quero dólar narigudo,
libra, maro, franco, lira,
peseta, florim, escudo.

Minha terra tem mansão,
onde grita o carcará,
tem rede no Maranhão
pra bem-bom de marajá.

Minha terra tem jardim,
onde canta Ali Babá,
vou dar uma de Aladim
nos haréns de Bagdá.

Minha terra tem coqueiros,
sabiá já foi pro brejo...
Brasileiras, brasileiros,
daqui vou pro Alentejo!

Adeus, primeiro de abril!
Adeus, heróis do Brajal!
Vou enfiar o Brasil
nesse trem de Portugal!

Jornal do Brasil, 16 de outubro de 1988

O pobre em superprodução*

Que belo o Supermercado!
Que sonho azul e dourado!
Que vergel de luz e cores!
Que paraíso de amores!
As sopas nas lindas latas
não são sopas, são sonatas!
(O pobre só compra sopa
quando lhe dá uma louca!)
Este blues por telefone
Dá mais charme ao minestrone!
Tem o mistério das grutas
a polpa agreste das frutas!
Nossa cultura cristã
deu saída na maçã!
O figo é feito de amor,
de luz, de folha, de flor!
(O pobre como condessa
quando acerta na cabeça!)
Como uma série de beijos
fermentados são os queijos!
Limburgo, reno, emental
sardo, gruyère, nacional!
(O pobre, andando na linha,
come feijão com farinha!)
Fulgem os frascos franzidos
dos licores coloridos!

* Versão de "O pobre no supermercado" (poema publicado em *Manchete* a 29 de agosto de 1964 e coligido em *O colunista do morro*, 1965) e de "João José no fim do ano" (*Manchete*, 8 de janeiro de 1972).

Ó marasquino divino,
ó divino marasquino!
No vinho vai um memento
já do Velho Testamento!
(Quando o pobre perde a graça
manda brasa na cachaça!)
Que concreta tessitura
veste o verde da verdura!
Rabanetes rechonchudos
com repolhos repolhudos!
Com tomates rubicundos
exangues nabos jucundos!
Se há Van Gogh na batata
Cézanne em couve arrebata!
Se não torce pequenino
dá Picasso no pepino!
(O pobre sem cão nem gato
caça abóbora no mato.)
Carne fraca como a rosa
de Malherbe mas gostosa!
O céu da boca se estrela
na ternura da vitela!
Mil orelhas salgadinhas,
rabos, perus e galinhas!
O rabo do porco é nada,
mas vá fazer feijoada!
Das essências animais
se faz a fé dos frescais!
Desenrolada na rua,
a linguiça iria à lua!
Do patê ao salaminho
bebe-se um longo caminho!
(Ninguém na lata de lixo
achou salsicha ou chouriço!)

Os temperos são pecados
dos timbres mais variados!
(O pobre toca trombeta
com pimenta-malagueta!)
De jasmins é feito o lado
tão alado do linguado!
Lado a lado do linguado
o gamado namorado!
Longe do peixe mais lírico
jaz o bacalhau satírico!
Com que fio entreluzido
é o badejo tecido!
(Quando pode, com vinagre
o pobre deglute o bagre!)
Os olhos do polvo têm
como os do povo desdém!
E a lagosta com seu ar
de rascante flor lunar!
O banquete se respalda
com as ameixas em calda!
Que celestiais colmeias
zumbem no céu das geleias!
What a wonderful Supermarket!
exclama o pobre (tarado)!
O pobre quando não come
castiga inglês, mas de fome!
(*Coro cívico replica*):
— IN BRAZIL... NÃO HÁ MAIS FOME!!!
(*Coro tímido replica*):
— TEM... SÓ... GENTE... QUE NÃO COME...

Jornal do Brasil, 11 de fevereiro de 1990

PAPÉIS DE VERSOS

Os poemas desta seção foram recolhidos por Luciano Rosa nos papéis do poeta, depositados no Instituto Moreira Salles — RJ (acervo Paulo Mendes Campos).

Fim da vida

Uma luz fraca, somente,
ilumina agora meus velhos sonhos.
E o meu amor é pálido,
E o meu riso, cansado...
O mar fúnebre
traz-me o cantochão,
pelas ondas que morreram
sem, sequer, beijar a praia.
As lanternas da minha rua
são olhos bêbedos e morteiros.
Minha boca é um pássaro
machucado
e tem arrepios senis.
A lua, a lua dos meus tempos,
tem agora uma cor doente.
Minhas mãos estão pensativas
e têm uma saudade,
profunda, desesperada,
de umas outras mãos.
E, dolorosamente,
perversamente,
um vento mau
sopra o seu hálito estéril
sobre as rosas fúteis
que inda tentam
florescer no meu jardim.

1941 — B. H.

Natureza morta

Poeta de tintas escuras
Reproduzo, puras, as imagens lutuosas.
Sou a expressão mais viva
                                        das coisas mortas.

Da alma humana
                                        toda
                                              uma
                                                      África esquecida.

Áridos quintais!
A ilusão úmida
            em que germina toda a vida
                                        a razão devora.
E resta o grito abafado da esperança muda.

Trago flores que não morrem nunca.
Crescem as dores e já não cabem nas próprias sepulturas.
Que encantos têm as matérias frias?

À árvore inútil

À árvore inútil
Ao esforço inútil
À sabedoria inútil
Ao afeto inútil
Ao brejo — inútil — de lembranças
Ao brejo — inútil — de desejos
À colina de cal e bonina
Não despertasse jamais
À água ao pranto à fome à ternura ao remorso às explosões de dor
Ah não despertasse
Pelo menos
Não veria a morte de olhos abertos me vendo
Pelo menos
Não me desfaria mais em pranto chorando todos os impossíveis
Pelo menos
Não guardaria crispado o reino do trigo e do coração
Pelo menos
Não sofreria de dor minuciosa tantas saudades e tão incoerentes

Ah não despertasse jamais
A gaivota selasse os meus olhos com um voo derradeiro
O mar fechasse meus ouvidos com um vagido imenso
Um beijo de criança pacificasse minhas mãos
Trouxesse o vento a mensagem do peixe
O sal — um último gosto de sal — confirmasse o resto
Está morto
Está completamente morto
Não irá à cidade não irá ao amor não irá à eternidade

Morreu
Morreu como um passarinho como um cão como um sapato
Pode abrir a janela
Pode ligar o rádio
Oh, despertar e reconhecer que o trabalho remoto das constelações
Compôs uma nova medida que se chama um novo dia
E que esse dia, entre todos os outros,
Foi eleito para o amor.
Oh, despertar e reconhecer o corpo transpassado de luz
O mar que bate em meus músculos
A luz que transfixa o meu sexo
O sol que perturba os peixes jamais adormecidos.
Despertar
Reconhecer que todas as combinações da vida
Em sua infinita e inexaurível tessitura
Compuseram
— Para a surpresa de um coração exausto —
Um novo desenho, uma dimensão ignorada, uma vertigem
De tal forma jubilosa e agrupada, no entanto,
A todos os cristais dessa antiga melancolia.
Oh, despertar e não reconhecer a imagem
Não identificar demais onde começa o mundo
Onde o espelho acaba
Onde começa o corpo
Onde a alma acaba
Onde começa a sombra
Onde os pés acabam.
Oh, despertar
Como o único ser vivo entre os mortos
Despertar de entre os mortos
E ver o mar florir de glaucos amarantos.
Oh, despertar na ilha de um bairro familiar
E sentir-se liberto de todos os compromissos
Não mais envolto na triste urdidura burguesa

E mesmo colocado à margem das íntimas devoções.
Oh, despertar chorando outras lágrimas
Como se o eterno compromisso de amar por uma tarde
Fosse a suprema promessa do desencontro
Como se o pão mordesse a boca que o toca.
Oh, despertar demais até penetrar lentamente o outro lado
E irrealizar-me em cintilações tão lúcidas que me apago.
Contrair as qualidades mais indevassáveis da manhã
Tocar a distância, alentar-me no azul, perturbar-me de espaço
Como um cavalo que amanhece no fundo de um vale em pânico.
Despertar como um cavalo
Suado solitário com estrelas na carne.
Abrir o balcão e ouvir o grito do dia
E recolhê-lo até que se transforme em rubro silêncio.
Dá-se em parcelas fartas o âmago.
Mas o Logos, a pele, o pulmão se sacrificam a esse dia
Doação cosmogônica, doação ainda de minha própria alma
Tão triste, tão afeita ao reconhecimento cotidiano
Brutal e miserável
Das bandeiras de treva escuras nos primeiros limites da manhã.
Oh, o despertar de quem a vida não é um sonho
O despertar de quem não sou ninguém
Indo entre os idos
Falando aos que se calaram
O despertar de quem finda a cada passo
Cingido de gelo
Com o mar irrevogável apertando-lhe a cintura

II

Ah, não despertasse jamais
Não despertasse jamais à revelação cruenta
Ah, não despertasse jamais aqui em Ipanema

Um poeta de indecifráveis subterrâneos
Que jamais encontrou um símbolo mais veraz
Do que o sol rubro entre as névoas
Ah, não despertasse jamais
Quem como Nietzsche latiu ganiu uivou para as estrelas
Não despertasse jamais quem fui e o que serei
Não despertasse à inútil agressão
À rua inútil
Pode rir
Morreu
Chamem as moscas chamem as formigas chamem os vermes
Chamem todos
Chamem tudo
As moças de bicicleta os feirantes alunos de cerâmica os donos
das flores os vendedores de mármore os garçons os negros do morro
as lagartixas da pedra o notário adunco os cavalos do Leblon o doutor
[Hélio
os ruídos da água os eucaliptos da serra
Porque não adianta nada
Pode chamar quem quiser
Pode chamar o que quiser
Pode chamar de que quiser
Não responde
Não abre os olhos
Não irá para Minas
Morreu
Pode olhar que está morto
Pode cuspir que está morto
Pode beijá-lo que está morto
Pode falar qualquer palavra que está morto
Pode abrir os braços pode dançar pode
Cruzar as constelações silenciosas do carvão —
Eu lhe disse: está morto

Paulo Mendes Campos morreu
Foi poeta, sonhou e amou na vida

Foi poeta e sonhou tão pouco
Foi poeta

Mortes

O morto que morre cobra
Um pouco da minha vida
E muita morte me sobra.
Morro a morte dos felizes
Morro a morte dos mendigos
Cobertos de cicatrizes.
Morro a morte dos amantes
Espedaçados nos leitos
Entre palavras galantes.
Morro a morte do guerreiro
Que não quer a paz da morte
Mas a paz do mundo inteiro.
Morro a morte da criança
E a dos velhos que é mais triste
Porque não tem esperança.
Morro a morte como um fruto
Que maduro se desprende
Do ponteiro dos minutos.

Para Maria Regina

Noite fria de almas frias.
Nos incensórios queimam tuas últimas crenças.
Nas tuas pálpebras
esgota-se a luz que nutre os cristais.
Se a dor materna guarda eternas substâncias
Reterás na lembrança as essências da terra.

Crias nas vozes humanas.
Não sabias que em belas coroas também cintilam falsos diamantes?
Que há beijos libertinos em rútilas safiras?
Quem pagou pelos teus brilhantes
Deu o preço das agonias.

Agora, triste, prepara-te pro derradeiro adeus.
Nos lábios trêmulos, doces beijos.
Nas mãos secas de amor, um lenço branco.
Única seda que restou da tua esperança.

"Se A acredita em Deus"

Se A acredita em Deus
Se B não acredita em Deus
Se C não sabe se Deus existe

ISTO NADA É PARA MIM

a existência de Deus
ou
a não existência de Deus
ESTÃO FORA DO MEU ALCANCE

Só que *emocionalmente*
intuitivamente
irracionalmente
afetivamente
HUMANAMENTE

eu posso

SENTIR
ADIVINHAR
a
ESPERANÇA DE DEUS

do mesmo modo que
emocionalmente
intuitivamente
irracionalmente

afetivamente
HUMANAMENTE

eu posso

em contrapartida

SENTIR

ADIVINHAR

O DESESPERO da

AUSÊNCIA DE DEUS

ou

ORFANDADE CÓSMICA

ou

O SER-EM-NADA

ou o

NADA

E A ISSO CHAMO

ESPERANÇA-DESESPERO

Rio, entre dois sonos profundos,
na madrugada de 19 de fevereiro de 1964

"Quero sentir a verdade"

Quero sentir a verdade,
a verdade das palavras,
palavras que escrevo,
palavras que sonho,
palavras que não vivo.

Quero fugir da mentira,
da mentira analítica
que manipula palavras,
que manipula sentimentos,
que manipula vidas.

Será só isto a verdade?
Será só isto a humanidade?
Será apenas sexo e agressão,
somente instintos animais?

Quero viver a intuição,
a razão divina,
divisora de águas
na corrente da evolução
de animais e seres humanos.

Quero crescer nos sentimentos
com todos os sentidos
que afloram à pele,
que desnudam a existência,
que destroem as máscaras.

Como são poucos, insignificantes,
aqueles que têm olhos para ver,
para ver a verdade, a vida,
vida sofrida, vida sentida,
vida crua, vida nua
sem máscaras, sem manipulações,
sem desejos, sem análise.

Como são poucos, insignificantes,
os que tentam viver a vida,
sentir o amanhecer, sentir a força
divina que se renova
a cada dia, a cada sucesso,
a cada fracasso, a cada ocaso.

Insignificância que justifica a vida,
a glória de Deus
em cada gesto, em cada palavra,
em cada sentimento.

Nasce o sol e não dura mais que um dia

De que tecido, de que mentiras,
De que céu, de que mar, de que mágoa
Está feita a matéria do tempo?
Como conseguimos penetrá-la
E sentir — menos que a dor —
Apenas um vento frio no rosto
E não trazer em nós outras marcas,
Outras feridas, outros lanhos e cicatrizes?
De ar, de água... A doçura
De um animal peludo, o contato
Agridoce dos peixes do mar.

Os dias amareleceram. Li
Suas inscrições todas as manhãs.
Falavam do sol, da lua,
De pressentimentos domésticos.
E no temor de vê-los morrer
Este poema escrevi.

“Ele é como as fontes purpúreas do ocaso”

Ele é como as fontes purpúreas do ocaso.
Sua herança informal sobressalta os atletas
seu risco no muro precede o voo do corvo
seus dizeres estatuem-se como hieróglifos mansos.
Ele é como um grito depois da cerimônia.
As unhas de seus pés são pétalas, mortais.
O imbricamento do passado o nega e reafirma
em parágrafos de sombra e luz. Luz de bosque
ao pé da fonte, quando o notário a caminho do discurso
convive com violetas pasmadas e pássaros.
O momento é sempre um “alto” entre duas marchas.
As flâmulas murcharam no crepúsculo chuvoso,
o fogo do bivaque se extinguiu — anoiteceu.
Anoiteceu como um burgo encravado no vale mais
cinza, em cinza anoiteceu. Fonte, ocaso, herança
informal, pássaros, violetas, flâmulas — anoiteceu.

Os braços do relógio são as garras
do inseto monstruoso que mastiga
São Sebastião do Rio de Janeiro.
Doze morcegos negros esvoaçam
o cadáver de ferro de Sant’Ana.

O parque

Perfil de píncaro brumoso, o sonho
Do parque é uma cegueira que suponho.
No taciturno encanto da lagoa
O espírito enlaçado se afeiçoa
De seu poder hermético e profundo.
O efêmero! Grinalda vesperal
De um cisne que responde a um coral
De vozes dissonantes e senis!
O efêmero conspira docemente
Enovelado em nós como a serpente
De fugazes caminhos juvenis.

O coração é doido...
Antes se assombra
Do que perdeu do que recusa a sombra
Do parque — seu segredo que há de vir.

Prosa imaterial*

Alma, rumor de fonte,
Canto apenas do pranto,
Do pranto do desencanto
De uma gravura bifronte.

Olhos feitos para o pranto.

Palavras no céu intenso.
Nunca pousa o pensamento?
Vagava no céu de cloro
A palavra de uma alma,
Rosa, rinoceronte.
Nunca pôde encontrar calma
Minh'alma, rumor de fonte
De uma gravura bifronte.

* Versão ampliada do poemeto "Anfigúrico" (publicado no *Diário da Tarde*), que rearranja, com alterações, os quatro últimos versos de "Prosa imaterial".

Natal

Quem deve nascer é você.
Contempla
olha em torno de ti:
uma estrela há no céu
no campo
mas só o que te falta é nascer.

O mundo é cheio de cores
o boi, o burro, o cordeiro,
o navio vai no mar,
o avião vai no ar,
na haste surge uma rosa
o pão está sobre a mesa.
Só uma coisa lhe falta: é nascer.

Paz

No descampado em fogo
Os cavalos pastavam.
Os animais do mar
Abriam devagar
Suas flores de carne.
Os pássaros dos escolhos
Consumidos de insônia
Tinham sangue nos olhos.
Ruíam sem ruído
As engrenagens do olvido.
Mas não desceu do céu
A pomba incandescente.
Abutres muito pálidos
Vieram conferir
Os restos da batalha.

Aventura*

Nas últimas casas dos pescadores, indo além,
Vi que o mundo, templo de símbolos inacabados,
Chegava a ser real além do mundo,
Onde às aflições responde a grande ausência,
As formas se unem, os ventos não respiram,
No coração do silêncio.
Alta, fora dos pêndulos da cidade cruel
Vinha a noite como o corpo dos afogados vem à praia.
E a cidade a luzir em seus anúncios luminosos
Fez-me esvair o poder de estar além ou sentir-me.

Na manhã fresca retornei à terra dos homens.

Espero a morte aqui e ela me espera.

* Versão reduzida deste poema (com os versos justapostos, à maneira de um texto em prosa) foi publicada no *Diário Carioca* em 11 de agosto de 1960.

Vazio*

Algumas coisas, Lilia, grifam certas almas:
Música sem movimento, ventos quietos do estio,
A distância e o tempo (quando se ama),
Nuvens dominicais, abstratos invernos.

Há certos olhos diferentes.
Às vezes, na lucidez obscura dos pintores
Descobrimos o medo inicial.
Não é morte, não é vida,
É o vértice das pausas, perfil da grande ausência.

* Versão reduzida deste poema (com os versos justapostos, à maneira de um texto em prosa) foi publicada no *Diário Carioca* em 11 de agosto de 1960.

O louco*

O louco espia na vidraça com seus olhos de animal.
Não ri como esperávamos, não canta, não fala.
Reparai nas linhas de seu rosto,
Como são duras e silenciosas.
Não refletem dor nem alegria,
Mas apenas adivinhamos uma tensão
Desumana, cautelosa.

O louco prega na sala seus olhos fixos.
Não vê nada: eu, o jarro de flores, meus livros.
Ah! o que ele vê (jamais saberemos)
Com seus duros olhos de animal silencioso!

* Versão reduzida deste poema (com os versos justapostos, à maneira de um texto em prosa) foi publicada no *Diário Carioca* em 11 de agosto de 1960.

Fazenda*

Tudo aquilo repousava
Quando passou o verão
Com suas cigarras claras

O que é que acontecia
Quando o silêncio falava?

A porta aberta rinchava
Uma andorinha trissava
Na fonte a moça da casa
A sua fronte lavava

Acontecia mais nada

Nada nada nada nada —
Nosso irmão sapo cantava

Na fazenda havia um ar
De não se ter um motivo
De partir ou de ficar

* Os três últimos versos deste poema foram publicados em *Manchete* (9 de setembro de 1967), na série "De um diário às vezes em verso".

Lagoa Santa

Éramos muitos na casa
Verde verde. Tristes, moços,
Vagos; sobretudo tristes,
Deploráveis. Um, porém,
Se dava a mancebo alegre,
Muito alegre; e era do amor.
Deliquescida a vontade
Num crepúsculo de maio,
Ele reclamava amor,
Ah! que reclamava amor!
Um ventinho infelicíssimo
Arrepiava o pensamento
Búdico e longo do lago
E a lua pra fazer blague
Se punha amarelecendo
Langorosos tons cinzentos
De uma casa verde verde.
Escudado pela noite,
Um demônio cordial
Transmutava a paisagem:

Ora canção sem palavras,
Às vezes cartão-postal.

“Navega a cidade”

Navega a cidade.
Navega no rio.

Do ventre sombrio
salta à claridade.
Reza à divindade
o seu murmúrio:
a vida é metade
que está por um fio,
a outra metade
virá pelo rio.

Cidade saudade
levada no rio,
trazida de volta
com um rodopio
na volta do rio.

Navega a cidade
na docilidade
de um mar erradio,
na cumplicidade
do apelo vadio:
vou à imensidade
do mar-oceano —
cidade-navio.

Súbito

Nas pautas da canção
pousam passarinhos
sem minha permissão.
Enxotar os bichinhos,
não faço isso não.
Perderam-se dos ninhos,
bobinhos que são.
Deixemo-los imersos
na pobre canção.
Os pássaros diversos
pousam sem razão.

Cobertura

Na pauta da praia
não se encontra o tom.
Mil dedos de arraia
vão tingindo o som.

É o dia, bom dia,
que vem a cavalo,
que bom!

Na clave do galo
pinta a cantoria
da luz do Leblon.

Londres

Dobrei a esquina
Cruzei uma ponte
Meti-me no *tube*
Subi a colina
Matei um polícia
Joguei-me no Tâmisa
Morri afogado:

Inútil: a lua implacável
continuou a perseguir-me
enquanto eu descia os
canais que levam
a morte.

“Emparedaram-me o mar”

Emparedaram-me o mar
e a brisa do mar.
O estofo da poltrona está roto.
Pifou o ar-condicionado.
O rádio do porteiro...
As motos na rua...
Os mortos-vivos...

Neste caos eu me viro.

Contradição dialética

Se eu acordasse
E não visse o menino e a menina
E a mulher
Se acordasse e visse apenas
a aurora indecisa
E não visse o telefone
E não ouvisse o barulho da área
Se acordasse e não me sentisse culpado
Se acordasse e não me trouxessem um jornal
Ah, que decerto eu não acordaria.

BAR DO desaPONTO[*]
Verão com nada

Seu Quinzim varreu a horta
porque lenha ele não corta
aqui na Serra da Estrela
pois sabem os que vêm vê-la
não é tempo de agasalho
que só serve pra espantalho;
muito menos de lareira.
O que pode é ter goteira
com essas chuvadas sem alarde
que sempre chegam de tarde.

Cadê o velho insensato
que tanto espalhou o boato
que ia mudar de rota
e ancorar pra sempre na Grota?
Otto até deu no jornal**
e em que ficou, afinal?

Matuta o Quinzim com ressábio:
— Inda pensa que é sábio;
se sábio fosse e sensato
viria voando a jato
cá pra serra, cá pro mato

* "BAR DO desaPONTO" dialoga com "Inverno com tudo", poema publicado no *Diário da Tarde* (edição 12), na seção "Bar do ponto".

** Referência à crônica "Enfim a Grota", de Otto Lara Resende, publicada no jornal *O Globo* (RJ) em 3 de maio de 1981.

ao abrigo dessas telhas
com as 74 botelhas.
Poemas do Po-chu-i
deles não precisa aqui
no *Diário da Tarde* e a esmo
pode ler os dele mesmo.

Se ficou tudo certinho
cá na Grota do Jacob?
— Ficou não, doutor Paulinho,
ficou triste de dar dó,
pois toda a Grota sentiu
que seu Poeta não subiu.

O general

O General da Triste Figura
Parece sobrenatural;
Não queiras ver em noite escura
O General.

É tão tacanha a catadura,
Tão torto o apêndice nasal,
Que de mais feio que a feiura
Só o General.

E como é burra a criatura,
Como é imbecil, como é boçal!
Deus certo fez uma rasura
Com o General.

Diz que água mole em pedra dura
Por fim perfura, o que é legal;
Mas dura mesmo é a investidura
Do General.

O panarício é um mau indício:
No corpo humano algo anda mal…
O General é o panarício
Nacional.

De onde saiu tamanho bruxo:
Mistério… Mistério medieval…
É um traste, é um couro, é um osso, é um bucho
O General.

Carta

Amargamente de você me queixo
Porque você prefere, minha amiga,
Que a distância desmanche e contradiga
O amor que nos uniu. Pense: se deixo
De humanamente desejá-la, agora
Que se aquietou o dia na lagoa
De meus anseios, mortos, se povoa
O assoalho dos sonhos, onde mora
A minh'alma estendida, arrebatada.
Por que se esquece, minha amiga? A vaga
Que se desfaz se grava, não se apaga,
No pensamento eterno da enseada.

À poesia

Respiras no mar e a espuma que gira na distância me fala de ti.
Vens caminhando sobre a madrugada e a luz que rompe a vidraça me
[fala de ti,
As aves migradoras do meio-dia passam gritando metálicas teu nome.
São inúteis teus sinais, são inúteis as cinzas que deixas nos meus
[olhos,
Inúteis essas praias onde nasces, canções vastas e entrelaçadas, sob
[um pálio irreal.
Quem és que desconheces uma simples alegria...
Procuras na forma, indecisa e verde como as algas, um êxtase
[confuso
E és sombra, sombra luminosa, antevisão de espectro futuro,
Percorrendo e balbuciando o labirinto do espaço, os abismos do
[tempo.

Amas a nossa própria projeção de espectros. Nada mais.
Ao meio da vida, quando mais rara se faz a luz, mais rarefeito o ar,
Nem mesmo sabes decidir de nossas emoções. E tens febre.
Tu me pareces tão impossível, tua consciência de tal modo me vem
[como um sonho
Que me procuro e te encontro e acho difícil viver, desfazendo-me em
[ti, renascendo de ti, porque és grande demais para a minh'alma
[que é pequena.
Sei que tudo se refugia em ti e tudo parte de ti, mas não és a paz,
[nem a escada em que tropeço,
És o sopro que me inclina sofrendo, embarcação leve.
És o ardor de meus olhos, o tormento de meu leito, és febre, nada
[mais.
Estou cansado de ti, poesia, cansado...

Hipérbole

És filha de meu desejo
Poesia, mãe do mundo,
Um céu breve mas profundo
Nos lábios brandos de um beijo.

Se me quisesses serias
Esposa de amor e graça,
Núpcias da melancolia
Com as pedras da desgraça.

Com teu segredo socorres
A fome falsa do vento,
Uivando dentro dos porres
Em que te dou alimento.

Em geral de mim te afastas,
Às vezes beijas mas custas.
A porta estreita me basta,
Ad augusta per augusta.

"Aqui na terra do engano"

Aqui na terra do engano
viver não é o destino.
Só o silêncio é divino.
Todo discurso, inumano.

POEMAS TRADUZIDOS

Esta seção apresenta pequena amostra da vasta produção de Paulo Mendes Campos como tradutor. Os poemas aqui reunidos circularam esparsamente em periódicos. As versões de "Provérbios do inferno", de William Blake, "Thamár e Amnón", de Federico García Lorca, e "Canção de outono", de Paul Verlaine, são as publicadas em *Trinca de copas* (1984). Sobre "Canção de outono", Paulo escreveu o "Poema de uma tradução" (publicado em *O anjo bêbado*, Rio de Janeiro: Sabiá, 1969), incluído neste volume.

Nocturno rosa

Xavier Villaurrutia

A José Gorostiza

Yo también hablo de la rosa.
Pero mi rosa no es la rosa fría
ni la de piel de niño,
ni la rosa que gira
tan lentamente que su movimiento
es una misteriosa forma de la quietud.
No es la rosa sedienta,
ni la sangrante llaga,
ni la rosa coronada de espinas,
ni la rosa de la resurrección.
No es la rosa de pétalos desnudos,
ni la rosa encerada,
ni la llama de seda,
ni tampoco la rosa llamarada.
No es la rosa veleta,
ni la úlcera secreta,
ni la rosa puntual que da la hora,
ni la brújula rosa marinera.

No, no es la rosa rosa
sino la rosa increada,
la sumergida rosa,
la nocturna,
la rosa inmaterial,
la rosa hueca.
Es la rosa del tacto en las tinieblas,
es la rosa que avanza enardecida,

Noturna rosa

Xavier Villaurrutia

A José Gorostiza

Também eu falo da rosa.
Mas minha rosa não é a rosa fria
nem a pele de criança
nem a rosa que gira
tão lentamente que seu movimento
é uma misteriosa forma de quietude.

Não é a rosa sedenta,
nem a sangrenta chaga,
nem a rosa coroada de espinhos,
nem a rosa da ressurreição.
Não é a rosa de pétalas nuas,
nem a rosa encerada,
nem a chama de seda,
nem tampouco a rosa chamarada.

Não é a rosa-dos-ventos,
nem a úlcera secreta,
nem a rosa pontual que dá as horas,
nem a bússola rosa marinheira.

Não, não é a rosa
senão a rosa incriada,
a submersa rosa,
a noturna, a rosa imaterial,
a rosa oca.

É a rosa do tato nas trevas,
é a rosa que avança inflamada,

la rosa de rosadas uñas,
la rosa yema de los dedos ávidos,
la rosa digital
la rosa ciega.
Es la rosa moldura del oído,
la rosa oreja,
la espiral del ruido,
la rosa concha siempre abandonada
en la más alta espuma de la almohada.
Es la rosa encarnada de la boca,
la rosa que habla despierta
como si estuviera dormida.
Es la rosa entreabierta
de la que mana sombra,
la rosa entraña
que se pliega y expande
evocada, invocada, abocada,
es la rosa labial,
la rosa herida.
Es la rosa que abre los párpados,
la rosa vigilante, desvelada,
la rosa del insomnio desojada.
Es la rosa del humo,
la rosa de ceniza,
la negra rosa de carbón diamante
que silenciosa horada las tinieblas
y no ocupa lugar en el espacio.

24 de febrero de 1937

a rosa de rosadas unhas,
a rosa gema dos dedos preciosos,
a rosa digital,
a rosa cega.

É a rosa moldura do ouvido,
a rosa orelha,
a espiral do ruído,
a rosa concha sempre abandonada
na mais alta espuma da almofada.

É a rosa encarnada da boca,
a rosa que fala desperta
como se estivesse adormecida.
É a rosa entreaberta
de onde fui a sombra,
a rosa estranha
que se dobra e expande
evocada, invocada, abocanhada,
é a rosa labial,
a rosa ferida.

É a rosa que abre as pálpebras,
a rosa vigilante, desvelada,
a rosa da insônia desfolhada.
É a rosa do fumo,
a rosa de cinza,
a negra rosa de carvão diamante
que silenciosa transpassa as trevas
e não ocupa lugar no espaço.

24 de fevereiro de 1937

Nocturno eterno

Xavier Villaurrutia

Cuando los hombres alzan los hombros y pasan
o cuando dejan caer sus nombres
hasta que la sombra se asombra

cuando un polvo más fino aún que el humo
se adhiere a los cristales de la voz
y a la piel de los rostros y las cosas

cuando los ojos cierran sus ventanas
al rayo del sol pródigo y prefieren
la ceguera al perdón y el silencio al sollozo

cuando la vida o lo que así llamamos inútilmente
y que no llega sino con un nombre innombrable
se desnuda para saltar al lecho
y ahogarse en el alcohol o quemarse en la nieve

cuando la vi cuando la vid cuando la vida
quiere entregarse cobardemente y a oscuras
sin decirnos siquiera el precio de su nombre

cuando en la soledad de un cielo muerto
brillan unas estrellas olvidadas
y es tan grande el silencio del silencio
que de pronto quisiéramos que hablara

o cuando de una boca que no existe
sale un grito inaudito

Noturno eterno

Xavier Villaurrutia

Quando os homens alçam os ombros e passam
ou quando deixam cair seus nomes
até que a sombra se assombra

quando um pó mais fino ainda que o fumo
adere aos cristais da voz
e à pele do rosto e às coisas

quando os olhos cerram suas janelas
ao raio do sol pródigo e preferem
a cegueira ao perdão e o silêncio ao soluço

quando a vida ou o que assim chamamos inutilmente
e que chega somente com um nome inomeável
se despe para pular na cama
e afogar-se no álcool e queimar-se na neve

quando a vi quando a vide quando a vida
quer entregar-se covardemente e às escuras
sem dizer-nos sequer o preço de seu nome

quando na solidão de um céu morto
brilham umas estrelas esquecidas
e é tão grande o silêncio do silêncio
que de súbito quiséramos que falasse

ou quando de uma boca que não existe
sai um grito inaudito

que nos echa a la cara su luz viva
y se apaga y nos deja una ciega sordera

o cuando todo ha muerto
tan dura y lentamente que da miedo
alzar la voz y preguntar "quién vive"

dudo si responder
a la muda pregunta con un grito
por temor de saber que ya no existo

porque acaso la voz tampoco vive
sino como un recuerdo en la garganta
y no es la noche sino la ceguera
lo que llena de sombra nuestros ojos

y porque acaso el grito es la presencia
de una palabra antigua
opaca y muda que de pronto grita

porque vida silencio piel y boca
y soledad recuerdo cielo y humo
nada son sino sombras de palabras
que nos salen al paso de la noche

que nos atira ao rosto sua luz viva
e se apaga e nos deixa uma cega surdez

ou quando morreu tudo
tão dura e lentamente que dá medo
altear a voz e perguntar "quem vive"

hesito responder
à pergunta muda com um grito
por temor de saber que já não existo

porque talvez a voz que tampouco vive
senão como lembrança na garganta
e não é a noite mas a cegueira
que enche de sombra os nossos olhos

e porque talvez o grito é a presença
de uma palavra antiga
opaca e muda que de repente gritando

porque vida silêncio pele e boca
e solidão lembrança céu e fumo
são apenas sombras de palavras
que saem de nós ao passo da noite.

Diário Carioca, 13 de dezembro de 1959

Once I Pass'd Through a Populous City

Walt Whitman

Once I pass'd through a populous city imprinting my brain for
future use with its shows, architecture, customs, traditions,
Yet now of all that city I remember only a woman I casually met
there who detain'd me for love of me,
Day by day and night by night we were together—all else has
long been forgotten by me,
I remember I say only that woman who passionately clung to me,
Again we wander, we love, we separate again,
Again she holds me by the hand, I must not go,
I see her close beside me with silent lips sad and tremulous.

Uma vez atravessei uma grande cidade

Walt Whitman

Uma vez atravessei uma grande cidade, imprimindo em meu cérebro,
para usar mais tarde, os seus aspectos, arquitetura, costumes,
[tradições,
E no entanto agora de toda aquela cidade me lembro apenas de uma
mulher que lá encontrei por acaso e que por amor de mim me
[reteve;
Dias e noites, noites e dias, ficamos os dois juntos — e há muito
[tempo que me esqueci de tudo o mais,
E só me lembro (digo eu) dessa mulher que se deixou prender de
[mim apaixonadamente,
E outra vez andamos à toa, e nos amamos, e outra vez nos
[separamos,
E outra vez ela me aperta a mão para que eu não vá embora,
E a vejo abraçada a mim, lábios silenciosos, triste e trêmula.

Diário Carioca, 3 de abril de 1960

The Telephone

Robert Frost

"When I was just as far as I could walk
From here to-day,
There was an hour
All still
When leaning with my head against a flower
I heard you talk.
Don't say I didn't, for I heard you say—
You spoke from that flower on the window sill—
Do you remember what it was you said?"
"First tell me what it was you thought you heard."
"Having found the flower and driven a bee away,
I leaned my head,
And holding by the stalk,
I listened and I thought I caught the word—
What was it? Did you call me by my name?
Or did you say—
Someone *said 'Come'—I heard it as I bowed."*
"I may have thought as much, but not aloud."
"Well, so I came."

O telefone

Robert Frost

Ao distanciar-me daqui o máximo que pude
Hoje quando me fui,
Houve um instante
Em que me inclinei sobre uma flor
E ouvi a tua voz.
Não me digas que não, pois te ouvi a falar...
Foi daquela flor em tua janela que falaste...
Não te lembras do que disseste?

— Antes quero saber o que imaginaste ter ouvido.

Tendo achado a flor e espantado uma abelha,
Abaixei a cabeça
E, segurando a flor pelo caule,
Fiquei a escutar, acreditando ter entendido uma palavra...
Qual? Mas não me chamaste pelo nome?
Ou então disseste...
Sim, porque disseram "Vem", isto eu ouvi.

— É possível que o tenha pensado, mas não assim em voz alta.

Pois é, então eu vim.

Diário Carioca, 19 de abril de 1959

Sport

Langston Hughes

Life
For him
Must be
The shivering of
A great drum
Beaten with swift sticks
Then at the closing hour
The lights go out
And there is no music at all
And death becomes
An empty cabaret
And eternity an unblown saxophone
And yesterday
A glass of gin
Drunk long
Ago.

Esporte

Langston Hughes

Para ele
A vida
Deve ser
O rufar
De um grande tambor
Batido por varetas rápidas.

Na hora de fechar as portas
Depois
As luzes se apagam
A música não há mais
E a Morte, um cabaré vazio.

A eternidade, um saxofone mudo.
Ontem
Um copo de gim
Bebido há muito
Tempo...

Diário Carioca, 14 de agosto de 1960

The 'Boston Evening Transcript'

T.S. Eliot

The readers of the Boston Evening Transcript
Sway in the wind like a field of ripe corn.

When evening quickens faintly in the street,
Wakening the appetites of life in some
And to others bringing the Boston Evening Transcript,
I mount the steps and ring the bell, turning
Wearily, as one would turn to nod good-bye to La Rochefoucauld,
If the street were time and he at the end of the street,
And I say, 'Cousin Harriet, here is the Boston Evening Transcript.'

O *Diário da Tarde* de Boston

T.S. Eliot

Os leitores do *Diário da Tarde* de Boston
Ondulam ao vento como um trigal maduro.

Quando a noite se anima um pouquinho na rua,
Acordando em alguns os apetites da vida,
E a outros trazendo o *Diário da Tarde,*
Subo a escada, aperto a campainha, voltando-me
Com fadiga, como alguém se voltaria para dar adeus a La Rochefoucauld,
Caso a rua fosse o tempo e ele estivesse no fim da rua,
E digo à minha prima: "Henriqueta, eu trouxe o *Diário da Tarde*".

Diário Carioca, 17 de agosto de 1958

Little Gidding

T.S. Eliot

Midwinter spring is its own season
Sempiternal though sodden towards sundown,
Suspended in time, between pole and tropic.
When the short day is brightest, with frost and fire,
The brief sun flames the ice, on pond and ditches,
In windless cold that is the heart's heat,
Reflecting in a watery mirror
A glare that is blindness in the early afternoon.
And glow more intense than blaze of branch, or brazier,
Stirs the dumb spirit: no wind, but pentecostal fire
In the dark time of the year. Between melting and freezing
The soul's sap quivers. There is no earth smell
Or smell of living thing. This is the spring time
But not in time's covenant. Now the hedgerow
Is blanched for an hour with transitory blossom
Of snow, a bloom more sudden
Than that of summer, neither budding nor fading,
Not in the scheme of generation.
Where is the summer, the unimaginable
Zero summer?

If you came this way,
Taking the route you would be likely to take
From the place you would be likely to come from,
If you came this way in may time, you would find the hedges
White again, in May, with voluptuary sweetness.
It would be the same at the end of the journey,
If you came at night like a broken king,

Little Gidding*

T.S. Eliot

A primavera por excelência é a temporã
Perene embora úmida ao cair da tarde,
Suspensa no tempo, entre o polo e trópico,
Quando o dia curto é mais brilhante, com geada e com fogo,
O breve sol inflama o gelo, no charco e nos valados,
No frio sem vento — calor do coração —
A refletir num espelho d'água
Um fulgor que é cegueira na tarde que começa.
E um brilho mais intenso que tronco incandescente, que um
[braseiro,
Suscita o espírito sem voz; não há vento, porém fogo de Pentecostes
Na parte morta do ano. Entre o degelo e congelamento
Lateja a selva da alma. Isto é primavera
Não, porém, nas convenções do tempo. Eis que a sebe agora
Está calada há uma hora de flores fugazes
De neve, floração mais repentina
Que a do estilo, nem fenecer nem desabrochar,
Fora dos planos da reprodução.
Onde o estio, o inconcebível
Verão a zero grau?

Se viesses por aqui,
Pelo caminho que com certeza tomarias
No lugar de que provavelmente partirias,
Se viesses por aqui em pleno maio, encontrarias as sebes
Brancas de novo, em maio, de sensual doçura.
Daria no mesmo, no fim da jornada,
Se viesses de noite como um rei derrotado,

* A tradução abrange apenas a primeira parte do poema, que possui cinco ao todo.

If you came by day not knowing what you came for,
It would be the same, when you leave the rough road
And turn behind the pig-sty to the dull façade
And the tombstone. And what you thought you came for
Is only a shell, a husk of meaning
From which the purpose breaks only when it is fulfilled
If at all. Either you had no purpose
Or the purpose is beyond the end you figured
And is altered in fulfilment. There are other places
Which also are the world's end, some at the sea jaws,
Or over a dark lake, in a desert or a city —
But this is the nearest, in place and time,
Now and in England.

If you came this way,
Taking any route, starting from anywhere,
At any time or at any season,
It would always be the same: you would have to put off
Sense and notion. You are not here to verify,
Instruct yourself, or inform curiosity
Or carry report. You are here to kneel
Where prayer has been valid. And prayer is more
Than an order of words, the conscious occupation
Of the praying mind, or the sound of the voice praying.
And what the dead had no speech for, when living,
They can tell you, being dead: the communication
Of the dead is tongued with fire beyond the language of the living.
Here, the intersection of the timeless moment
Is England and nowhere. Never and always.

Se viesses de dia sem saber o que buscavas,
Daria no mesmo, ao saíres da estrada difícil
E ao contornar os fundos do chiqueiro, na direção da fachada
[sombria
E da lápide. E o que pensava ser a razão da tua vinda
É apenas um invólucro, uma casca de intenção
Da qual a finalidade irrompe somente quando cumprida,
Quando o é. Não tinhas finalidade
Ou a finalidade está além do fim que imaginaste
E transformou-se ao se cumprir. Outros lugares há
Que são também o termo do mundo, uns na boca do mar,
Ou num lago sombrio, num deserto, numa cidade —
Mas é este o mais próximo, no espaço e no tempo,
Agora e na Inglaterra.

Se viesses por aqui,
Por qualquer caminho, partindo de qualquer lugar,
A qualquer hora e em qualquer época,
Daria sempre no mesmo: terias de pôr à parte
Os sentidos e entendimento. Não estás aqui para verificar,
Para te instruires, ou informar a curiosidade
Ou levares relatórios. Estás aqui para te ajoelhares
Onde a prece é válida. E a prece é mais
Que uma sucessão de palavras, a ocupação consciente
Do espírito a rezar, ou que o som da voz rezando.
E as palavras que os mortos não tiveram, enquanto vivos,
Eles as podem proferir, estando mortos: a mensagem
Dos mortos é articulada com o fogo que está além da linguagem dos
[vivos.
Aqui, a intercessão do instante sem tempo
É a Inglaterra e parte alguma. Nunca e sempre.

Diário Carioca, 4 e 5 de outubro de 1959

Psalm

Georg Trakl

It is a light, that the wind has extinguished.
It is a pub on the heath, that a drunk departs in the afternoon.
It is a vineyard, charred and black with holes full of spiders.
It is a space, that they have white-limed with milk.
The madman has died. It is a South Sea island,
Receiving the Sun-God. One makes the drums roar.
The men perform warlike dances.
The women sway their hips in creeping vines and fire-flowers,
Whenever the ocean sings. O our lost Paradise.

The nymphs have departed the golden woods.
One buries the stranger. Then arises a flicker-rain.
The son of Pan appears in the form of an earth-laborer,
Who sleeps away the meridian at the edge of the glowing asphalt.
It is little girls in a courtyard, in little dresses full of heart-rending poverty!
It is rooms, filled with Accords and Sonatas.
It is shadows, which embrace each other before a blinded mirror.
At the windows of the hospital, the healing warm themselves.
A white steamer carries bloody contagia up the canal.

The strange sister appears again in someone's evil dreams.
Resting in the hazelbush, she plays with his stars.
The student, perhaps a doppelganger, stares long after her from the window.
Behind him stands his dead brother, or he comes down the old spiral stairs.
In the darkness of brown chestnuts, the figure of the young novice.

Salmo

Georg Trakl

Há uma luz que o vento apagou.
Uma taberna de onde sai um bêbado ao meio-dia.
Uma vinha calcinada e enegrecida com buracos cheios de aranhas.
Há um quarto que se alveja com nata de leite.
O louco morreu. Há uma ilha dos mares do Sul
Para acolher o deus-sol. O repicar do tambor.
Os homens aí estão com as suas danças guerreiras.
As mulheres gingam as ancas, lianas e flores de fogo,
Quando canta o mar. Ah, nosso paraíso perdido.

As ninfas se foram das orlas douradas dos bosques.
Enterra-se o estrangeiro. Começa a cair uma chuva reluzente.
O filho de Pã surge sob a forma de um trabalhador
Que dorme ao meio-dia sobre o betume ardente.
Há meninas-moças em um pátio vestidas
Com uma pobreza de cortar o coração.
Há quartos cheios de acordes e sonatas.
Sombras que se enlaçam diante de um espelho cego.
Os que passam melhor se aquecem nas janelas do hospital.
No canal, o vapor branco traz epidemias sangrentas.

A estranha irmã descansa sob as aveleiras,
Brincando ainda com as estrelas de alguém e habitando seus
[pesadelos.
O estudante, talvez o seu sósia, a contempla longamente da janela
Com seu irmão morto atrás dele, ou desce o contorno da velha
[escada.
À sombra das castanheiras se empalidece a silhueta da noviça.

The garden is in evening. The bats flit around inside the walls of the
[monastery.
The children of the caretaker cease their playing and seek the gold of the
[heavens.
Closing accords of a quartett. The little blind girl runs trembling through the
[tree-lined street.
And later touches her shadow along cold walls, surrounded by fairy tales and
[holy legends.

It is an empty boat, that drives at evening down the black canal.
In the bleakness of the old asylum, human ruins come apart.
The dead orphans lie at the garden wall.
From gray rooms tread angels with shit-spattered wings.
Worms drip from their yellowed eyelids.
The square before the church is obscure and silent, as in the days of
[childhood.

Earlier lives glide past upon silvery soles
And the shadows of the damned climb down to the sighing waters.
In his grave, the white-magician plays with his snakes.

Silent above the place of the skull, open God's golden eyes.

O jardim mergulhado na sombra. Os morcegos esvoaçam no claustro.
Os filhos do porteiro param de brincar e procuram o ouro do céu.
Últimos acordes do quarteto. A ceguinha corre a tremer pela
[alameda,
E a sua sombra mais tarde ladeia tateando os muros frios,
Envolta nas histórias e nas lendas sagradas.

Há um barco a leste que traz consigo à noite o negro canal.
Nas trevas do velho asilo tombam as ruínas humanas.
Os pequenos órfãos mortos jazem ao longo da mureta do jardim.
Quartos cinzentos atropelam anjos de asas maculadas.
Vermes gotejam lentamente de suas pálpebras amarelecidas.
A praça diante da igreja é sombria e silenciosa como nos dias da
[infância.
Sob solas prateadas passam vidas antigas.
As sombras dos condenados baixam às poças suspirando.
Em seu túmulo, o mágico branco brinca com os seus répteis.
Deus abre sobre o calvário seus olhos de ouro. E se calam.

Diário Carioca, 27 de setembro de 1959

No sientes el cansancio redimido

Pedro Salinas

¿No sientes el cansancio redimido
hoy, al servir de muda y honda prueba
de las vidas gastadas en vivirnos?
No quiero separarme
de esa gran traspresencia de ti en mí:
el cansancio del cuerpo.
Siempre te están abiertos en mi ser,
albergues vastos, mínimos,
donde guardarte si te vas:
celdas de la memoria, y sus llanuras.
En el alma te encierro,
como el vuelo del ave
encierra el aire suyo preferido,
en una red de ansiosas idas y venidas,
de vuelos
en torno tuyo, en cerco sin prisión,
toda adorada en giros, rodeada.
O prendida te quedas, al marcharte,
como por obras de casualidades,
reclinada en mi vida,
igual que ese cabello rubio que se queda
olvidado en un hombro.
Pero hoy la fervorosa
negación de tu ausencia, tu recuerdo,
va por mi ser entero, por mis venas,
fluye dentro de mí, y es el cansancio.
De pies a frente, sin dolor, circula
tan despacio

Não sentes a fadiga redimida

Pedro Salinas

Não sentes a fadiga redimida
hoje, ao servir de muda e funda prova
das vidas gastadas em viver-nos?
Não quero separar-me
dessa grande transparência de ti em mim:
a fadiga do corpo.
Sempre te estão abertos em meu ser,
albergues vastos, mínimos,
onde posso esconder-te quando vais:
celas da memória e suas planuras.
Na alma te encerro,
como o voo da ave
encerra o ar seu preferido
em uma rede ansiosa de idas e vindas,
de voos
em torno de ti, em cerco sem prisão,
toda adorada em giros, rodeada.
Ou presa ficas, ao ir-te,
como por obra de casualidades,
reclinada em minha vida,
assim como esse cabelo ruivo que fica
olvidado em um ombro.
Porém hoje a fervorosa
negação de sua ausência, tua lembrança,
segue por todo o meu ser, por minhas veias,
flui dentro de mim, e é a fadiga.
Da cabeça aos pés, indolor, circula
tão depressa

que si en él me mirase nos veríamos.
Floto en su tersa lámina,
lento aquietarse en arrobada calma
de las contradicciones que en la noche
buscaron su unidad labio con labio.
Me acuno en el cansancio
y en él me tienes y te tengo en él,
Aunque no nos veamos.
Y si al ánimo torpe se le apaga
la llama donde vive aún lo pasado,
luz de memoria,
recuerda el cuerpo fiel,
vela por no olvidar, y es el cansancio
corporal el que salva
lo que el rendido espíritu abandona.
Y la carne se siente
júbilo de asunción al encargarse
hoy, para el ser entero,
de recordar, de la misión del alma,
cuando hasta por las venas,
la misma sangre va vuelta en recuerdo.

que se nela me olhasse nos veríamos.
Flutuo em sua tersa lâmina,
lento aquietar-se em arrebatada calma
das contradições que durante a noite
buscaram sua unidade lábio com lábio.
Embalo-me na fadiga
e nela me tens e te tenho nela,
mesmo sem ver-nos.
E se ao ânimo tardo é apagada
a chama onde ainda vive o passado,
luz de memória,
recorda o corpo fiel,
vela por não esquecer, e a fadiga
corporal é que salva
o que o espírito rendido abandona.
E a carne se sente
júbilo de assunção ao encarregar-se
hoje, para todo o ser,
de recordar, da missão da alma,
quando até, pelas veias,
o próprio sangue retorna em recordação.

Diário Carioca, 26 de julho de 1959

Gacela de la huida

Federico García Lorca

Me he perdido muchas veces por el mar
con el oído lleno de flores recién cortadas.
Con la lengua llena de amor y de agonía
muchas veces me he perdido por el mar,
como me pierdo en el corazón de algunos niños.

No hay nadie que al dar un beso
no sienta la sonrisa de la gente sin rostro,
ni nadie que al tocar un recién nacido
olvide las inmóviles calaveras de caballo.

Porque las rosas buscan en la frente
un duro paisaje de hueso
y las manos del hombre no tienen más sentido
que imitar a las raíces bajo tierra.

Como me pierdo en el corazón de algunos niños,
me he perdido muchas veces por el mar.
Ignorante del agua, voy buscando
una muerte de luz que me consuma.

Gacela de la huida

Federico García Lorca

Me perdi muitas vezes pelo mar
cheio o ouvido de flores recém-cortadas
com a língua cheia de amor e de agonia,
me perdi muitas vezes pelo mar
como me perco no coração de alguns meninos.

Não há ninguém que ao dar um beijo
não sinta o sorriso da gente sem rosto,
nem ninguém que ao tocar um recém-nascido
se esqueça das imóveis caveiras de cavalo.

Porque as rosas procuram na face
uma dura paisagem de osso
e as mãos do homem não têm outro sentido
senão imitar raízes sob a terra.

Como me perco no coração de alguns meninos
me perdi muitas vezes pelo mar.
Ignorante da água vou buscando
uma morte de luz que me consuma.

Diário Carioca, 9 de maio de 1959

Cassius Hueffer

Edgard Lee Masters

They have chiseled on my stone the words:
"His life was gentle, and the elements so mixed in him
That nature might stand up and say to all the world,
This was a man."
Those who knew me smile
As they read this empty rhetoric.
My epitaph should have been:
"Life was not gentle to him,
And the elements so mixed in him
That he made warfare on life,
In the which he was slain."
While I lived I could not cope with slanderous tongues,
Now that I am dead I must submit to an epitaph
Graven by a fool!

Epitáfio de C. Hueffer

Edgard Lee Masters

Cinzelaram em minha tumba estas palavras:
"Sua vida foi tranquila, e os elementos se combinaram nele de tal
[modo
Que a natureza poderia erguer-se e dizer ao mundo todo:
Este foi um homem".
Os que me conheceram sorriem
Ao ler esta retórica vazia.

Meu epitáfio devia ser assim:
"A vida não lhe foi tranquila,
E os elementos se combinaram nele de tal modo
Que fez guerra à vida
E na mesma foi destroçado".
Enquanto vivi não pude arrostar as línguas da calúnia.
Agora que morri devo resignar-me a um epitáfio
Gravado por um idiota.

Diário Carioca, 12 de março de 1960

Dover Beach

Matthew Arnold

The sea is calm tonight.
The tide is full, the moon lies fair
Upon the straits; on the French coast the light
Gleams and is gone; the cliffs of England stand,
Glimmering and vast, out in the tranquil bay.
Come to the window, sweet is the night-air!
Only, from the long line of spray
Where the sea meets the moon-blanched land,
Listen! you hear the grating roar
Of pebbles which the waves draw back, and fling,
At their return, up the high strand,
Begin, and cease, and then again begin,
With tremulous cadence slow, and bring
The eternal note of sadness in.

Sophocles long ago
Heard it on the Ægean, and it brought
Into his mind the turbid ebb and flow
Of human misery; we
Find also in the sound a thought,
Hearing it by this distant northern sea.

The Sea of Faith
Was once, too, at the full, and round earth's shore
Lay like the folds of a bright girdle furled.
But now I only hear
Its melancholy, long, withdrawing roar,
Retreating, to the breath

A praia de Dover

Matthew Arnold

O mar está calmo hoje à noite.
A maré está cheia, a lua dorme clara
Sobre o estreito; na costa francesa, o fogo
Reluz e se apaga; os penhascos da Inglaterra erguem-se,
Vastos, a tremeluzir, na baía tranquila.
Chega-te à janela, suave é o ar da noite!
Apenas, da longa linha de espuma,
Onde se encontram o mar e a terra embranquecida de luar,
Escuta, escuta o rugido dissonante
Dos seixos que as vagas levam e depois atiram
De volta à praia elevada,
Começam, param, recomeçam,
Em uma trêmula cadência, lenta, a trazer
A nota eterna da tristeza.

Sófocles, há muito tempo,
Ouviu esta mesma nota no Egeu, e ela trouxe
A seu espírito o fluxo-e-refluxo
Da desgraça humana; também
Nela encontramos nós um pensamento.
Ao ouvi-la neste longínquo Mar do Norte:

O Mar da Fé
Também teve outrora a sua maré cheia, cercando
A orla terrestre como as dobras de uma faixa brilhante.
Mas, agora, só escuto
O melancólico e longo som rouco de sua retirada,
Quanto o tange a respiração

Of the night-wind, down the vast edges drear
And naked shingles of the world.

Ah, love, let us be true
To one another! for the world, which seems
To lie before us like a land of dreams,
So various, so beautiful, so new,
Hath really neither joy, nor love, nor light,
Nor certitude, nor peace, nor help for pain;
And we are here as on a darkling plain
Swept with confused alarms of struggle and flight,
Where ignorant armies clash by night.

Do vento noturno, através das vastas praias ermas
E as pedras desnudas deste mundo.

Ah, meu amor, sejamos fiéis
Um para com o outro! Pois o mundo, que parece
Estender-se diante de nós como uma terra de sonhos
Tão vário, tão belo, tão novo,
Na verdade não tem alegria, nem amor, nem luz,
Nem certeza, nem par, nem alívio para a dor;
Aqui nos achamos em uma planície escura
E varrida de confusos alarmes de luta e fuga,
Onde à noite Exércitos cegos se combatem.

Diário Carioca, 15 de novembro de 1959

El toque de alba

Rosalía de Castro

D'a Catredal campana
Grave, triste e sonora,
Cand'ô rayar d'o dia
O toque d'alba tocas,
N'o espazo silencioso
Soando malencónica;
As tuas bataladas
Non sei que despertares me recordan.

Foron alguns tan puros
Coma o fulgor d'aurora,
Outros cal a esperanza
Qu'o namorado soña,
Y a derradeira inquietos,
Mitá luz, mitá sombras,
Mitá un pracer sin nome,
E mitá un-ha sorpresa aterradora

¡Ay! qu'os anos corrreron
E pasaron auroras
E menguaron as dichas
E medràno as congoẍas.
E cand'ora campana,
O toque d'alba tocas,
Sinto que se desprenden
D'os meus ollos bagullas silenciosas.

O toque d'alva

Rosalía de Castro

Sino de catedral
Grave, triste e sonoro
Quando ao raiar do dia
O toque d'alva tocas,
No espaço silencioso
Soando melancólico,
As tuas badaladas
Não sei que despertares me recordam.

Alguns foram tão puros
Como o fulgor da aurora,
Alguns como esperança
Que o namorado sonha;
Inquietos já por fim,
Meio luz, meio sombra,
Meio um prazer sem nome
E meio uma esperança aterradora.

Ai! Que correram anos,
Passaram as auroras,
E minguaram as ditas,
E medram as angústias
E, quando sino, agora,
O toque d'alva tocas
Sinto que se desprendem
Dos meus olhos as bagas silenciosas.

Que ẍorda e tristemente,
Que pavorosa sóas
No meu esperto oido,
Mensaẍeira d'a aurora,
Cand'o romper d'o dia
Pausadamente tocas!...
¿En donde van aqueles
Despertares de dichas e de groria?

Pasaron para sempre:
Mais ti, grave e sonora,
¡Ay! ôromper d'o dia
C'a tua voz malencónica
Vés de cote á lembrarnos
Cada nacente aurora;
E parece qu'a morto
Por eles e por min a un tempo dobras.

D'a catredal campana
Tan grave e tan sonora.
¡Por qué á tocar volveches
A yalba candorosa
des qu'eu ouben d'oirte
En bagullas envolta?
Mais ben pronto... ben pronto, os meus oidos
Nin t'oirán n'a tarde nin n'a aurora.

Que surdo e tristemente,
Que pavoroso soas
No meu ouvido, atento
Mensageiro da aurora,
Quando ao romper do dia
Pausadamente tocas!...
Aonde vão aqueles
Despertares de feitos e de glória?

Passaram para sempre!
Mas tu, grave e sonoro,
Ai! Ao romper do dia,
Com tua voz tristonha
Fazes lembrar por força
Cada nascente aurora;
Parece que a finados
Por eles e por mim a um tempo dobras.

Sino da catedral,
Tão grave e tão sonoro,
Por que a tocar tornaste
Na alva candorosa,
Se já te escutarei
Em lágrimas envolta?
Mas bem breve... bem breve, meus ouvidos
Não te ouvirão à tarde nem na aurora.

Diário Carioca, 28 de maio de 1960

La casada infiel

Federico García Lorca

Y que yo me la llevé al río
creyendo que era mozuela,
pero tenía marido.
Fue la noche de Santiago
y casi por compromiso.
Se apagaron los faroles
y se encendieron los grillos.
En las últimas esquinas
toqué sus pechos dormidos,
y se me abrieron de pronto
como ramos de jacintos.
El almidón de su enagua
me sonaba en el oído,
como una pieza de seda
rasgada por diez cuchillos.
Sin luz de plata en sus copas
los árboles han crecido
y un horizonte de perros
ladra muy lejos del río.
*
Pasadas las zarzamoras,
los juncos y los espinos,
bajo su mata de pelo
hice un hoyo sobre el limo.
Yo me quité la corbata.
Ella se quitó el vestido.
Yo el cinturón con revólver.
Ella sus cuatro corpiños.

A casada infiel

Federico García Lorca

E eu que fui com ela ao rio
pensando que era donzela
tinha porém seu marido.
Foi a noite de São Tiago
e quase por compromisso.
Os lampiões se apagaram
e se acenderam os grilos.
Já nas últimas esquinas
toquei seus peitos dormidos,
e eles logo se me abriram
como ramos de jacintos.
A goma de sua anágua
ressoava em meus ouvidos
como uma peça de seda
por dez facas feita em tiras.
Sem luz de prata nas copas
têm as árvores crescido,
e um horizonte de cães
a latir longe do rio.
Atravessando o sarçal,
mais os juncos e os espinhos,
sob os seus bastos cabelos
fiz um sulco sobre o limo.
Arranquei minha gravata.
Ela tirou o vestido.

Ni nardos ni caracolas
tienen el cutis tan fino,
ni los cristales con luna
relumbran con ese brillo.
Sus muslos se me escapaban
como peces sorprendidos,
la mitad llenos de lumbre
la mitad llenos de frío.
Aquella noche corrí,
el mejor de los caminos,
montado en potra de nácar
sin bridas y sin estribos.
No quiero decir, por hombre,
las cosas que ella me dijo.
La luz del entendimiento
me hace ser muy comedido.
Sucia de besos y arena,
yo me la llevé del río.
Con el aire se batían
las espadas de los lirios.

Me porté como quien soy.
Como un gitano legítimo.
la regalé un costurero
grande, de raso pajizo,
y no quise enamorarme
porque teniendo marido
me dijo que era mozuela
cuando la llevaba al río.

Nem nardos nem caracóis
têm uma cútis tão fina,
nem os cristais com a lua
deslumbram com tanto brilho.
Suas coxas me escapavam
como peixes surpreendidos,
metade cheias de luz,
metade cheias de frio.
Viajei naquela noite
pelo melhor dos caminhos,
montado em potra de nácar
sem rédeas e sem estribos.
Não quero dizer, por homem,
as coisas que ela me disse,
pois a luz do entendimento
me faz muito comedido.
Suja de beijos e areia,
os dois deixamos o rio.
Contra a brisa combatiam
as armas brancas dos lírios.
Procedi como quem sou.
Como gitano legítimo.
Dei-lhe cesta de costura
grande, de cetim palhiço,
e não quis enamorar-me,
porque tendo o seu marido,
disse a mim que era donzela
quando eu a levava ao rio.

Diário Carioca, 3 de agosto de 1959

Dirge without music

Edna St. Vincent Millay

I am not resigned to the shutting away of loving hearts in the hard ground.
So it is, and so it will be, for so it has been, time out of mind:
Into the darkness they go, the wise and the lovely. Crowned
With lilies and with laurel they go; but I am not resigned.

Lovers and thinkers, into the earth with you.
Be one with the dull, the indiscriminate dust.
A fragment of what you felt, of what you knew,
A formula, a phrase remains, —but the best is lost.

The answers quick and keen, the honest look, the laughter, the love,—
They are gone. They are gone to feed the roses. Elegant and curled
Is the blossom. Fragrant is the blossom. I know. But I do not approve.
More precious was the light in your eyes than all the roses in the world.

Down, down, down into the darkness of the grave
Gently they go, the beautiful, the tender, the kind;
Quietly they go, the intelligent, the witty, the brave.
I know. But I do not approve. And I am not resigned.

Lamento sem música

Edna St. Vincent Millay

Não me conformo que se encerrem os corações amantes na terra
[dura.
Assim é e será porque assim sempre foi desde os tempos sem nome.
Para a escuridão eles partem, a bela e o sábio, coroados
De lírios e louros eles partem; mas eu não me conformo.

Amantes e pensadores para o fundo da cova convosco.
Reunidos ao pó insensível que nada discrimina.
Resta um fragmento daquilo que sentiste, daquilo que soubeste,
Uma fórmula resta, uma frase... Mas o melhor se perdeu.

As respostas prontas e sutis, o olhar sincero, o riso e o amor
Sumiram. Dão alimento às rosas. Crespa e elegante
É a flor em botão. Sim, eu sei. Mas não posso aprovar.
Mais preciosa que as rosas todas do mundo era a luz de vossos olhos.

No fundo profundo da escuridão da tumba
Silenciosamente caem a beleza, a ternura e a bondade;
Silenciosamente caem a inteligência, o talento e a bravura.
Sim, eu sei. Mas não aprovo. Eu sei. Mas não me conformo.

Proverbs of hell

William Blake

In seed time learn, in harvest teach, in winter enjoy.

Drive your cart and your plow over the bones of the dead.

The road of excess leads to the palace of wisdom.

Prudence is a rich ugly old maid courted by Incapacity.

He who desires but acts not, breeds pestilence.

The cut worm forgives the plow.

Dip him in the river who loves water.

A fool sees not the same tree that a wise man sees.

He whose face gives no light, shall never become a star.

Eternity is in love with the productions of time.

The busy bee has no time for sorrow.

The hours of folly are measur'd by the clock, but of wisdom: no clock can [measure.

All wholsom food is caught without a net or a trap.

Bring out number weight & measure in a year of dearth.

No bird soars too high, if he soars with his own wings.

A dead body, revenges not injuries.

The most sublime act is to set another before you.

If the fool would persist in his folly he would become wise.

Folly is the cloke of knavery.

Shame is Pride's cloke.

Prisons are built with stones of law, brothels with bricks of religion.

The pride of the peacock is the glory of God.

The lust of the goat is the bounty of God.

The wrath of the lion is the wisdom of God.

Provérbios do inferno*

William Blake

No tempo de semear, aprende; no da colheita, ensina; deleita-te no
[inverno.

O caminho do excesso conduz ao palácio da sabedoria.

A Prudência é uma solteirona rica e feia, cortejada pela incapacidade.

Quem deseja e não age gera pestilência.

Atira dentro do rio quem gostar de água.

Jamais se torna estrela aquele cujo rosto não irradia luz.

Conta, peso e medida são para o ano de escassez.

Persistisse o louco na loucura, e encontraria a sabedoria.

Loucura, máscara da patifaria.

Pudor, máscara do orgulho.

Orgulho do pavão, glória de Deus;

lascívia do bode, munificência de Deus;

ira do leão, sabedoria de Deus;

nudez da mulher, trabalho de Deus.

Os rugidos do leão, os uivos do lobo, o furor do mar tempestuoso e a
[espada aniquiladora, são parcelas da eternidade, demasiadamente
[grandes para o olho do homem.

As alegrias fecundam; as dores dão à luz.

Ave: ninho; aranha: teia; homem: amizade.

Se estiveres sempre decidido a revelar tua opinião, o torpe te evitará.

Tudo o que for possível de ser acreditado é um reflexo da verdade.

* A tradução abrange trechos de *Proverbs of hell*.

The nakedness of woman is the work of God.

Excess of sorrow laughs, excess of joy weeps.

The roaring of lions, the howling of wolves, the raging of the stormy sea, and
[the destructive sword, are portions of Eternity too great for the eye of
[man.

The fox condemns the trap, not himself.

Joys impregnate, sorrows bring forth.

Let man wear the fell of the lion, woman the fleece of the sheep.

The bird a nest, the spider a web, man friendship.

The selfish smiling fool and the sullen frowning fool shall be both thought
[wise that they may be a rod.

What is now proved was once only imagined.

The rat, the mouse, the fox, the rabbit watch the roots; the lion, the tiger,
[the horse, the elephant watch the fruits.

The cistern contains, the fountain overflows.

One thought fills immensity.

Always be ready to speak your mind, and a base man will avoid you.

Everything possible to be believed is an image of truth.

The eagle never lost so much time as when he submitted to learn of the
[crow.

The fox provides for himself, but God provides for the lion.

Think in the morning, act in the noon, eat in the evening, sleep in the
[night.

He who has suffered you to impose on him knows you.

As the plough follows words, so God rewards prayers.

The tigers of wrath are wiser than the horses of instruction.

Expect poison from the standing water.

You never know what is enough unless you know what is more than
[enough.

Listen to the fool's reproach; it is a kingly title.

De manhã, pensa; ao meio-dia, age; à tarde, come; à noite, dorme.
São mais sábios os tigres da ira que os cavalos da educação.
Conta como certo o veneno da água parada.
Só podes conhecer o que é suficiente se conheceres o que é mais do
[que suficiente.

Fraco de coragem, forte em astúcia.
Se os outros não fossem néscios, nós o seríamos.
Alma de prazer delicado não pode ser conspurcada.
Maldição ata; bênção desata.
Cabeça: o Sublime; coração: o Patos; genitais: a Beleza; pés e mãos: a
[Proporção.
Ar para o pássaro; mar para o peixe; desprezo para o desprezível.
O corvo queria tudo preto; a coruja, tudo branco.
Exuberância é beleza.
Melhor matar uma criança no berço do que acalentar desejos
[inativos.
O Bastante! Ou o Demasiado!

The eyes of fire, the nostrils of air, the mouth of water, the beard of [earth.
The weak in courage is strong in cunning.
The apple tree never asks the beech how he shall grow, nor the lion the [horse how he shall take his prey.
The thankful receiver bears a plentiful harvest.
If others had not been foolish we should have been so.
The soul of sweet delight can never be defiled.
When thou seest an eagle, thou seest a portion of Genius. Lift up thy [head!
As the caterpillar chooses the fairest leaves to lay her eggs on, so the priest [lays his curse on the fairest joys.
To create a little flower is the labour of ages.
Damn braces; bless relaxes.
The best wine is the oldest, the best water the newest.
Prayers plough not; praises reap not; joys laugh not; sorrows weep not.
The head Sublime, the heart Pathos, the genitals Beauty, the hands and [feet Proportion.
As the air to a bird, or the sea to a fish, so is contempt to the contemptible.
The crow wished everything was black; the owl that everything was [white.
Exuberance is Beauty.
If the lion was advised by the fox, he would be cunning.
Improvement makes straight roads, but the crooked roads without [Improvement are roads of Genius.
Sooner murder an infant in its cradle than nurse unacted desires.
Where man is not, nature is barren.
Truth can never be told so as to be understood and not to be believed.
Enough! or Too much.

*

The ancient poets animated all sensible objects with Gods or Geniuses, calling

them by the names and adorning them with properties of woods, rivers, mountains, lakes, cities, nations, and whatever their enlarged and numerous senses could perceive.
And particularly they studied the Genius of each city and country, placing it under its mental deity.
Till a system was formed, which some took advantage of and enslaved the vulgar by attempting to realize or abstract the mental deities from their objects.
Thus began Priesthood.
Choosing forms of worship from poetic tales.
And at length they pronounced that the Gods had order'd such things.
Thus men forgot that All Deities reside in the Human breast.

Thamár y Amnón

Federico García Lorca

La luna gira en el cielo
sobre las tierras sin agua
mientras el verano siembra
rumores de tigre y llama.
Por encima de los techos
nervios de metal sonaban.
Aire rizado venía
con los balidos de lana.
La tierra se ofrece llena
de heridas cicatrizadas,
o estremecida de agudos
cauterios de luces blancas.

Thamár estaba soñando
pájaros en su garganta,
al son de panderos fríos
y cítaras enlunadas.
Su desnudo en el alero,
agudo norte de palma,
pide copos a su vientre
y granizo a sus espaldas.
Thamár estaba cantando
desnuda por la terraza.
Alrededor de sus pies,
cinco palomas heladas.
Amnón, delgado y concreto,
en la torre la miraba
llenas las ingles de espuma
y oscilaciones la barba.

Thamár e Amnón

Federico García Lorca

A lua roda no céu
por sobre as terras sem água
enquanto o verão semeia
rumores de tigre e chama.
A cavaleiro dos tetos
nervos de metal soavam.
A brisa chegava em riste
com seus balidos de lã.
Dá-se a terra toda cheia
de chagas cicatrizadas
ou combalida de agudos
cautérios de luzes brancas.

Thamár estava sonhando
passarinhos na garganta,
ao som de pandeiros frios,
cítaras enluaradas.
Sua nudez na soteia,
norte agudo de palmeira,
quer neve para seu ventre,
granizo para as espáduas.
Thamár estava cantando
toda nua no terraço.
Em derredor de seus pés,
cinco pombas regeladas.
Amnón, delgado e concreto,
duma torre a contemplava,
virilhas cheias de espuma
e de oscilações a barba.

Su desnudo iluminado
se tendía en la terraza,
con un rumor entre dientes
de flecha recién clavada.
Amnón estaba mirando
la luna redonda y baja,
y vio en la luna los pechos
durísimos de su hermana.

Amnón a las tres y media
se tendió sobre la cama.
Toda la alcoba sufría
con los ojos llenos de alas.
La luz, maciza, sepulta
pueblos en la arena parda,
o descubre transitorio
coral de rosas y dalias.
Linfa de pozo oprimida
brota silencio en las jarras.
En el musgo de los troncos
la cobra tendida canta.
Amnón gime por la tela
fresquísima de la cama.
Yedra del escalofrío
cubre su carne quemada.
Thamár entró silenciosa
en la alcoba silenciada,
color de vena y Danubio
turbia de huellas lejanas.
— Thamár, bórrame los ojos
con tu fija madrugada.
Mis hilos de sangre tejen
volantes sobre tu falda.

Seu corpo nu ao luar
se estendia no terraço
com um rumor entre dentes
de flecha recém-cravada.
Amnón estava mirando
a lua redonda e baixa,
e na lua viu os peitos
duríssimos da irmã.

Amnón deitou-se na cama
só às três da madrugada.
Todo o quarto padecia
com os seus olhos alados.
A luz, maciça, sepulta
aldeias na areia parda
ou descobre transitório
coral de rosas e dálias.
Linfa de poço oprimida
brota silêncio nas jarras.
Por sobre o musgo dos troncos
a cobra espichada canta.
Amnón geme sobre a teia
fresquíssima de sua cama.
As horas do calafrio
cobrem-lhe a carne queimada.
Thámar entrou em silêncio
no quarto silenciado,
cor de artérias e Danúbio,
turva de rastros distantes.
Thámar, apaga meus olhos
com a tua madrugada.
Meus fios de sangue tecem
babados na tua saia.

— Déjame tranquila, hermano.
Son tus besos en mi espalda
avispas y vientecillos
en doble enjambre de flautas.
— Thamár, en tus pechos altos
hay dos peces que me llaman
y en las yemas de tus dedos
rumor de rosa encerrada.
Los cien caballos del rey
en el patio relinchaban.
Sol en cubos resistía
la delgadez de la parra.
Ya la coge del cabello,
ya la camisa le rasga.
Corales tibios dibujan
arroyos en rubio mapa.

¡Oh, qué gritos se sentían
por encima de las casas!
Qué espesura de puñales
y túnicas desgarradas.
Por las escaleras tristes
esclavos suben y bajan.
Émbolos y muslos juegan
bajo las nubes paradas.
Alrededor de Thamár
gritan vírgenes gitanas
y otras recogen las gotas
de su flor martirizada.
Paños blancos enrojecen
en las alcobas cerradas.

Deixa-me em paz, meu irmão.
Teus beijos em minhas costas
são marimbondos e aragens
em duplo enxame de flautas.

Thámar, em teus peitos altos
há dois peixes que me chamam,
e nas joias de teus dedos
rumor de rosa fechada.

Os cem cavalos do rei
pelo pátio relinchavam.
Sol em cubos resistia
à delgadez da latada.
Já lhe agarra nos cabelos,
já a camisa lhe rasga.
Corais cálidos esboçam
arroios em rubro mapa.

Oh, que gritos se escutavam
vindos dos altos das casas!
Que espessuras de punhais,
túnicas dilaceradas.
Nas escadarias tristes
sobem e descem escravos.
Êmbolos e coas brincam
sob as nuvens tão paradas.
Em derredor de Thámar
gritavam virgens gitanas,
outras recolhem as gotas
de sua flor castigada.
Panos brancos enrubescem
dentro dos quartos fechados.

Rumores de tibia aurora
pámpanos y peces cambian.
Violador enfurecido,
Amnón huye con su jaca.
Negros le dirigen flechas
en los muros y atalayas.
Y cuando los cuatro cascos
eran cuatro resonancias,
David con unas tijeras
cortó las cuerdas del arpa.

Rumores de aurora morna
transmutam peixes e pâmpanos.

Violador enfurecido,
foge Amnón em seu cavalo.
Negros apontam-lhe flechas
nas muretas e atalaias.
Depois, quando os quatro cascos
eram quatro ressonâncias,
Davi com sua tesoura
cortou as cordas da harpa.

Chanson d'automne

Paul Verlaine

Les sanglots longs
Des violons
De l'automne
Blessent mon coeur
D'une langueur
Monotone.

Tout suffocant
Et blême, quand
Sonne l'heure,
Je me souviens
Des jours anciens
Et je pleure

Et je m'en vais
Au vent mauvais
Qui m'emporte
Deçà, delà,
Pareil à la
Feuille morte.

Canção de outono

Paul Verlaine

Os longos trinos
dos violinos
do outono
ferem minh'alma
com uma calma
que dá sono.

Ao ressoar
a hora, alvar,
sufocado,
choro os errantes
dias distantes
do passado.

E em remoinho
o ar daninho
me transporta,
de cá pra lá,
de lá pra cá,
folha morta.

Posfácio
Paulo Mendes Campos, poeta

Luciano Rosa

ENTRE POETAS

Paulo Mendes Campos nasceu em Belo Horizonte, Minas Gerais, a 28 de fevereiro do emblemático ano de 1922. Filho de amantes das letras, não escaparia à afetuosa e indissolúvel aliança com a arte da palavra. "A literatura na minha vida não aconteceu, não foi encontrada na esquina, não foi uma deliberação: ela veio no pó e no pólen do ambiente, mal congênito cultivado em casa",[1] registrou ele em uma de suas crônicas. Otto Lara Resende, amigo desde a adolescência, comenta a influência doméstica: "Tínhamos em casa o amor dos livros. D. Maria José, mãe de Paulo, iniciava-o nos altos poetas. Seu pai, médico e letrado, já pertencia à Academia Mineira de Letras. Sua casa respirava a liberdade da poesia".[2]

O jovem Paulo começou a colaborar em periódicos da capital mineira escrevendo sobre poesia. O primeiro texto, "Raul de Leoni, poeta enganador", saiu em *O Diário*. Promovia uma defesa pública do autor de *Luz mediterrânea*, vitimado, segundo o exegeta principiante, por "desmedida injustiça" e "quase indiferença de nossa crítica". Décadas mais tarde, o cronista afirmaria: "Uma vez, e só uma vez, conheci a glória: foi quando publiquei meu primeiro artigo no jornal, sobre a

1. Paulo Mendes Campos, "Primeiras letras", crônica publicada no *Jornal do Brasil* (RJ) em 21 fev.1988.

2. Otto Lara Resende, orelha do volume *Poemas de Paulo Mendes Campos*, Rio de Janeiro: Civilização Brasileira, 1979.

poesia de Raul de Leoni".[3] Iniciava-se assim, em torno de um poeta, a fecunda trajetória de Paulo na imprensa, que revelaria, ao longo de meio século de atividade ininterrupta, o exímio prosador.

Anos depois do artigo de estreia, outros poetas teriam importante participação em sua história. Em julho de 1945, por ocasião da visita de Pablo Neruda ao Rio de Janeiro, Paulo tomou o noturno e foi conhecer o poeta chileno. Planejara ficar três dias, mas o fascínio da Cidade Maravilhosa foi definitivo: o aspirante a escritor mudou-se naquele mesmo ano para a então capital federal, "sem profissão, sem emprego, sem ciência".[4] Socorreu-o Carlos Drummond de Andrade, que lhe emprestou uma máquina de escrever e arranjou-lhe dois trabalhos, um no Instituto Nacional do Livro, onde atuou sob a direção do poeta Augusto Meyer, outro numa publicação da Câmara de Comércio Chileno-Brasileira.

Radicado no Rio, não demorou a ingressar na imprensa local. Em fins de 1945 já escrevia no *Correio da Manhã*, aonde chegou por intermédio do poeta Augusto Frederico Schmidt. Não tardou que também estivesse em *O Jornal* e no *Diário Carioca*. Crônicas e artigos sobre literatura compunham a maior parte dessa produção jornalística, na qual, de permeio, se infiltravam poemas. Durante a segunda metade da década de 1940, os versos de Paulo circularam regularmente em periódicos, sobretudo no *Diário Carioca*, o que desmente o suposto caráter esporádico de sua poesia sugerido pela inclusão de Mendes Campos na primeira edição da *Antologia de poetas brasileiros bissextos contemporâneos*, organizada por Manuel Bandeira em 1946.[5]

O prestígio de Paulo aumentava na mesma medida de sua atuação na imprensa. O primeiro livro, contudo, não sairia logo, desdizendo o

3. Paulo Mendes Campos, "Ofícios frustrados". In:______. *O anjo bêbado*. Rio de Janeiro: Sabiá, 1969, p. 42.

4. Id., p. 44

5. Bandeira, acertadamente, excluiu Paulo Mendes Campos da reedição, em 1964, de sua *Antologia*, já que, segundo o organizador, o poeta havia passado da categoria de bissexto para a de contumaz.

que noticiavam os jornais. Em 3 de junho de 1945, o *Correio da Manhã* anunciava: "Paulo Mendes Campos [...] está preparando um interessante volume de ensaios críticos [dedicados] à análise dos grandes poetas do mundo contemporâneo [...] e ao estudo dos maiores poetas brasileiros de hoje". Dois anos se passaram sem que o livro fosse publicado, e em 13 de julho de 1947 o mesmo *Correio* voltava à carga: "Paulo Mendes Campos, poeta ainda inédito, vai apresentar um volume de ensaios".

NO PRINCÍPIO ERA O VERSO

Algo tardio, o livro de estreia só apareceria na década seguinte, quando Paulo beirava os trinta anos. Contrariando as especulações, não se tratou de uma coletânea de ensaios, mas de um volume de poemas. Lançado em outubro de 1951, com tiragem de 126 exemplares, pelas Edições Hipocampo (dos poetas Geir Campos e Thiago de Melo), *A palavra escrita* assinala o início do longo percurso editorial de PMC. Analisado em perspectiva, o livro desponta não apenas como corolário de uma obra poética em franco desenvolvimento, mas também como partícipe efetivo de importante vertente da lírica brasileira de meados do século XX.

O surgimento de *A palavra escrita* remonta ao período de plena atividade da polêmica Geração de 45, costumeiramente identificada, em termos simplistas e um tanto pejorativos, a um movimento de ímpeto restaurador, partidário de um beletrismo classicizante, antagônico à plataforma estética do Modernismo de 22. Segundo os manuais de literatura, a Geração de 45 corresponderia a um grupo mais ou menos definível de jovens autores que, votados ao resgate das matrizes poéticas tradicionais, publicaram suas primeiras obras, grosso modo, em torno de 1945. O crítico Pedro Lyra, em estudo sobre a intricada questão das gerações literárias, estabelece balizas temporais mais estáveis ao consignar as faixas de nascimento (de 1915 a 1935) e de estreia (de 1935 a 1955) desses poetas.[6]

A crítica e a historiografia literárias costumam incluir Paulo Mendes Campos na Geração de 45 não apenas por circunstâncias cronológicas. Afinado com o ideário em voga, seu primeiro livro pauta-se em grande medida pela tendência estetizante da época. Em *A palavra escrita*, temas e motivos consagrados pela tradição lírica — o amor, a solidão, a morte, o fluir do tempo — são frequentemente glosados em versos medidos, esquemas rimáticos e estrofações regulares, numa combinação entre forma e fundo que bem espelha uma das principais orientações estéticas do período. Em entrevista concedida em 1985, PMC comentou o vínculo com a Geração:

> O professor de literatura precisa de classificações. Quando elas não são precisas, eles fazem de conta que são para dar um panorama didático [...]. Encaro ser incluído na Geração de 45 com humorismo, nunca levei isso a sério. Essa geração jamais teve contato de grupo para estabelecer diretrizes comuns. Particularmente, tive com alguns comunhão de ideias, mas jamais pensamos fazer escola, renovar o soneto, por exemplo. Fiz sonetos porque quis, porque almejava algo diferente da poesia parnasiana ou modernista. A aproximação era mais ideológica e ela se refletia na literatura, eventualmente.[7]

O depoimento de Mendes Campos mostra a dificuldade de definir com exatidão o que foi a Geração de 45 e qual seu efetivo contributo ao complexo poético brasileiro de meados do século XX. Nos últimos setenta anos, a designação genérica tem ajuntado de forma indistinta poetas variados, com dicções peculiares. Como aponta PMC, alguns des-

6. Pedro Lyra, "As gerações da poesia brasileira no século XX". In:______. *Sincretismo — a poesia da Geração 60*, Rio de Janeiro: Topbooks, 1995, p. 82.

7. Entrevista a Beatriz Marinho, publicada em *O Estado de S. Paulo* em 22 set. 1985 (Caderno *Cultura* n. 275).

ses autores partilhavam traços estético-ideológicos que, à primeira vista, lhes confeririam um caráter mais ou menos uno de geração literária, tão caro à crítica apegada a superficialidades classificatórias. Em contrapartida, sob a expressão generalizante opera-se um processo de apagamento que esmaece ou neutraliza singularidades à sombra anulatória do rótulo simplificador. Reduzidos acriticamente a "poetas de 45", autores diversos passam a compor um panorama difuso, aplanados numa espécie de "paisagem comunitária, universo compacto onde as aglomerações diluem o indivíduo, omitindo os mistérios particulares",[8] para nos valermos de uma imagem de Lêdo Ivo, um dos principais nomes associados à Geração.

Para além da imprecisão conceitual e da vagueza terminológica embutidas no emblema geracional, é indiscutível a retradicionalização que vincou a poesia brasileira nas décadas de 1940-50, num movimento que ultrapassa o esforço restaurador dos poetas circunstancialmente ligados à Geração. Dessa forma, quando aludem à classicização posta em marcha àquele tempo — da qual participaram (também, mas não apenas) os poetas de 45 —, a crítica e a historiografia literárias referem-se, no fundo, a um processo bem mais abrangente de retorno à tradição lírica.

FORMA E EXPRESSÃO

Nesse passo, o título do primeiro livro de Paulo Mendes Campos sinaliza a preocupação formal que vem no bojo da poesia do período. Afinal, o trabalho com a palavra escrita, submetida a maior grau de elaboração e depuração, demanda procedimentos compositivos mais rígidos do que o coloquial emprego da palavra falada. A oposição en-

8. Lêdo Ivo. "A propósito de Laura Moura". In:______. *Poesia observada*. São Paulo: Duas Cidades, 1978, p. 54.

tre os registros escrito (tenso, formal, rigoroso) e oral (distenso, informal, permissivo) ilustra o contraste que distingue, no plano da expressão, o almejado requinte da lírica dos anos 1940-50 e a licenciosidade estética da poesia de 22, que tem na oralidade uma de suas fontes principais. Volátil e efêmera, a palavra falada consuma-se e esvai-se no instante em que se enuncia, ao passo que a palavra escrita, aspirando à permanência, se perpetua no suporte gráfico que a resguarda, como que tatuada no tempo. O título que PMC atribui a seu livro reapresenta, ainda no plano da expressão, contraposição basilar entre o Modernismo de 22 e o complexo poético das décadas de 1940-50, nos termos em que formulou Sérgio Buarque de Holanda em artigo de 1952: "a poesia dos modernistas é conscientemente, quase orgulhosamente, uma poesia 'do tempo' [...]; a de hoje busca, ao contrário, transcender constantemente o temporal".[9]

No que tange à elaboração propriamente poética, o livro inaugural de Mendes Campos pauta-se em grande monta, como dito, pela técnica do verso e pelas formas poemáticas convencionais. Nesse cenário, o soneto ocupa lugar de destaque: entre as 36 peças de *A palavra escrita*, doze se conformam nas catorze linhas imortalizadas por Petrarca. E não apenas no livro de Paulo sobressai o soneto, expressão-síntese da retradicionalização que marcou a poesia brasileira àquele tempo. Paradigma de apuro, disciplina, sobriedade — atributos perseguidos pela corrente esteticista de 45 —, o soneto ocorreu igualmente à farta na produção de poetas consagrados (alguns vindos do Modernismo) que se renderam à reclacissização da época. Atestam-no, por exemplo, os *Sonetos brancos* (1946-8), de Murilo Mendes; os *Poemas, sonetos e baladas* (1946), de Vinicius de Moraes; e o *Livro de sonetos* (1949), de Jorge de Lima. A tradicional forma fixa também ressalta na "guinada neoclassicista" levada a efeito na poesia de Drummond na década de 1950,

9. Sérgio Buarque de Holanda, "Poesia e convenção", artigo publicado no *Diário Carioca* em 7 dez. 1952.

especialmente em *Claro enigma* (1951). Da produção dos novos citem--se, quase ao acaso, o volume de sonetos com que estreou Mário Quintana, com *A rua dos cataventos*, em 1940, e Lêdo Ivo, com *Acontecimento do soneto* (1948), seu terceiro título.

Bem ao espírito da época, Paulo organizou a seleta *Forma e expressão do soneto*, lançada em 1952 na coleção Os Cadernos de Cultura, do Ministério da Educação e Saúde. Propondo apresentar "uma evolução do soneto brasileiro", a antologia traça um arco do Barroco à contemporaneidade. Destaca-se no volume o ensaio introdutório assinado por Mendes Campos, com reflexões que ajudam a compreender o papel do soneto na moderna poesia brasileira e, mais, a relação de PMC com o consagrado modelo poemático.

Tal relação, aliás, se revelaria muitíssimo fecunda ao longo do tempo. Frequente na produção inicial do poeta (inclusive naquela não incluída em livro), a estrutura modelar de catorze versos permanece assídua em sua obra, aparecendo eventualmente em configuração algo discrepante do molde canônico. Se a "obediência elementar às rimas e *à métrica*"[10] constitui pedra de toque dos sonetos de Paulo, a clássica divisão em quadras e tercetos pode lhes ser prescindível. Seja como for, dispostos em bloco uno ou em caprichosas configurações estróficas, buscam perfazer-se como "peça inconsútil, não apenas catorze versos, mas catorze versos necessários e suficientes, comprometidos uns com os outros".[11] Vejam-se, a propósito, as monóstrofes "Neste soneto", "O visionário" (abertura e encerramento de *A palavra escrita*) e "Cantiga a Tom Jobim" (sonetilho incluído em *Transumanas*[12] e, depois, em *Balada de amor perfeito*). Publicado em 1979 no volume *Poemas*, *Arquitetura* é livro de sonetos, muito embora os arranjos estróficos nada ortodoxos

10. Paulo Mendes Campos, prefácio a *Forma e expressão do soneto*. Rio de Janeiro: Ministério da Educação e Saúde, 1952, pp. 3-8.

11. Id.

12. Paulo Mendes Campos, *Transumanas*. Rio de Janeiro: Codecri, 1977.

possam camuflar a real natureza de suas quinze composições.[13] O aspecto proteiforme que a secular forma fixa pode assumir na poética de Mendes Campos parece validar a afirmação de Massaud Moisés, segundo a qual o soneto "tem sofrido numerosas adaptações e transformações que não chegam, todavia, a alterar-lhe a estrutura básica".[14]

Dado o gosto pelo soneto, não surpreende que por intermédio dele se tenha consumado o consórcio poético entre Paulo e Vinicius de Moraes, célebre cultor da forma metrificada. No final de 1945, "numa noite de descaramento etílico"[15] no apartamento de Fernando Sabino, ambos escreveram um "Soneto a quatro mãos", que, publicado em suplementos e coletâneas de crônicas, só agora passa a figurar em livro de versos de PMC. Também composto em dupla, um poema inconcluso esteve prestes a concretizar a parceria com outro craque. Entre os papéis de Paulo repousa o rascunho do que viria a ser o "Soneto a quatro mãos" de Mendes Campos e Lêdo Ivo. Eloquente testemunho do ato de criação, o deteriorado manuscrito revela, sob rasuras, alterações, supressões e acréscimos, um soneto inacabado, falto do último terceto. Ainda assim, o quase soneto sela o encontro dos que foram, na avaliação de Sérgio Buarque de Holanda, os dois melhores sonetistas de sua geração.

O cunho clássico de boa parte da lírica de Mendes Campos, longe de reduzi-la a algum receituário herdado da tradição, representa apenas um dos muitos recursos de que se valeu o poeta. Paulo transitou com desenvoltura por entre inúmeras possibilidades da arte da palavra, como demonstra a profusão de formas de sua escrita plural. Va-

13. De 12 de agosto a 23 de setembro de 1990, PMC publicou no *Jornal do Brasil* (RJ) os poemas de *Arquitetura* como sonetos monóstrofos, desfazendo a divisão estrófica *sui generis* que os caracteriza no livro.

14. Massaud Moisés, *A criação literária: poesia*. São Paulo: Cultrix, 2003, p. 276.

15. Paulo Mendes Campos, "Soneto a quatro mãos", crônica coligida em *O mais estranho dos países*. São Paulo: Companhia das Letras, 2013, p. 251.

zada em versos medidos ou livres, curtos ou dilatados, rimados ou brancos, sua poesia pode ir do sintético haicai ao poema em prosa, valendo-se tanto de estruturas modelares (como o soneto) quanto de formas singularmente elaboradas à contracorrente das convenções. Em *A palavra escrita* já se percebe que a predileção pela disciplina formal não implica, em absoluto, adesão irrenunciável: em que pese a predominante uniformidade métrica (sobretudo dos decassílabos), rímica, estrófica, o volume apresenta número significativo de formas irregulares, com extensão variada, oscilantes entre a polimetria e o versilibrismo.

"E É COMO CONVERTER POEMA EM PROSA"[16]

No livro seguinte, a multiplicidade de formas se amplia. Publicado em 1958, *O domingo azul do mar* (laureado com o prêmio Alphonsus de Guimaraens, do Ministério da Educação e Cultura) reúne 68 composições divididas em quatro segmentos, "Poemas antigos", "A palavra escrita", "O tempo da palavra" e "O domingo azul do mar". A segunda parte põe novamente em circulação os 36 poemas do volume de estreia, lançado em edição fora do comércio. Chamam a atenção em *O domingo azul do mar* os textos copiosos — poemas longos e outros espraiados para além das configurações usuais do verso. Distribuídos pelas três partes "inéditas", "Ode a Federico García Lorca", "Em face dos últimos mortos", "A fugacidade de todas as coisas", "Moscou-Varsóvia" documentam a investida de Mendes Campos no poema em prosa, o que renderia a inclusão do "Poema das aproximações" na antologia preparada por Xavier Placer em 1962 (*O poema em prosa*, da série *Os cadernos de cultura*). Na introdução da seleta, Placer aponta características

16. Verso de "Pré-operatório", de *Balada de amor perfeito*.

centrais do gênero que bem definem a essência do poema em prosa de PMC: o "estado de disponibilidade, todo-alma, todo-percepções subjetivas, partindo embora muitas vezes da bruta realidade".[17] A discursividade injetada no poema em prosa distende os limites da expressão poética e, no caso de Mendes Campos, parece estabelecer relação de simetria com a "larga onda lírica"[18] que Antonio Candido detecta em sua crônica.

A hibridez e o caráter fronteiriço, próprios do poema em prosa, marcam sobremaneira a obra de Paulo, habituada ao livre trânsito entre os gêneros. Não é incomum que poemas publicados em livro reapareçam na imprensa em forma de crônica. É o caso, por exemplo, de "Fragmentos em prosa", longo poema incluído em *O domingo azul do mar* que ressurgiu, condensado, na crônica "*Videotape* da insônia", publicada na revista *Manchete* em 12 de dezembro de 1970. Igualmente, "Retrato do artista aos sete anos", poema de *Testamento do Brasil* (1966), foi convertido em crônica com o mesmo título, estampada em *Manchete* a 16 de junho de 1973. Da mesma forma, o "Poema das aproximações" travestiu-se na crônica "A puberdade abstrata" (*Manchete*, 3.4.1971), e os versos de "À morte", de *O domingo azul do mar*, se prosificaram em "Tens em mim tua vitória" (*Manchete*, 13.4.1963). O poema em prosa "A fugacidade de todas as coisas", despido do trecho de Nietzsche que lhe serve de epígrafe, reaparece na coluna do cronista PMC com o título "O reino das lembranças" (*Manchete*, 1.8.1964). O procedimento abrange poemas só agora incluídos em livro, como "Aventura" e "Vazio",[19] adaptados em trechos diminutos publicados no *Diário Carioca* de 11 de agosto de 1960.

17. Xavier Placer, prefácio a *O poema em prosa*. Brasília: MEC, 1962, p. 10.

18. Referência de Antonio Candido ao lirismo que distingue a crônica de PMC. Cf. "A vida ao rés-do-chão", ensaio publicado em *A crônica: o gênero, sua fixação e suas transformações no Brasil*. Campinas; Rio de Janeiro: Ed. da Unicamp; Fundação Casa de Rui Barbosa, 1992, p. 22.

19. Coligidos na seção "Papéis de versos" desta edição.

Em fluxo de mão dupla, a crônica veiculada na imprensa pode migrar para o livro de poemas. Publicado em *Manchete* a 28 de março de 1953, o texto "Em face dos últimos mortos" foi incluído em *O domingo azul do mar*, reaparecendo na revista (em 3.4.1971) com o título "Em face dos mortos". A crônica apropriadamente intitulada "Versos em prosa" (*Manchete*, 18.2.1961) se transfez no poema "O princípio do amor", de *Testamento do Brasil*.[20] De "Insônia" (*Manchete*, 27.8.1966), teceram-se vários versos do poema homônimo, de *Balada de amor perfeito* (1979). Às vezes, a crônica aclara o sentido do poema: o aparente hermetismo de "As apébicas" e "As aicenescas" (incluídos na seção "Poemas esparsos" desta edição) se dissipa à luz de "Pebologia, ciência da beleza feminina",[21] que apresenta pitoresco sistema classificatório a partir dos diferentes tipos físicos femininos.

A simbiose entre gêneros foi ressaltada, em artigo de agosto de 1990, pelo poeta Claudio Willer, segundo o qual a poesia de Paulo é "indissociável de sua prosa".[22] Bem antes, em abril de 1958, o poeta-crítico Mário Faustino apontara questão correlata. Em texto nada favorável a *O domingo azul do mar*, Faustino censura o prosaísmo dos poemas de Paulo: "Não é linguagem poética o que escreve o absenteísta sr. Paulo Mendes Campos. É prosa em verso",[23] assevera. Em que pese o juízo negativo, a observação não deixa de sinalizar o intercurso entre o poético e o prosaico na produção de Mendes Campos.

20. Várias crônicas aqui referidas ("A puberdade abstrata", "Tens em mim tua vitória", "No reino das lembranças", "Em face dos mortos", "O princípio do amor") estão em *O amor acaba*: *crônicas líricas e existenciais*, São Paulo: Companhia das Letras, 2013.

21. Crônica de *O anjo bêbado*. Op. cit., pp. 241-4.

22. Claudio Willer, "Revelações do poeta plural", artigo publicado no *Jornal do Brasil* (RJ) em 25 ago. 1990 (Caderno *Ideias*, p. 3).

23. Mário Faustino, "Poesia de circunstância". In:______. *De Anchieta aos concretos*. Org. de Maria Eugenia Boaventura. São Paulo: Companhia das Letras, 2003, p. 343. Texto originalmente publicado no Suplemento Dominical do *Jornal do Brasil* (RJ) em 20 abr. 1958.

"REALEJA NA MEMÓRIA UM CÉU ESPECIAL"[24]

No mesmo artigo de 1958, Faustino acusa a ostensiva autorreferencialidade da lírica de PMC: "O sr. Paulo Mendes Campos quer dizer-se. É um homem que fala de si mesmo",[25] assinala o crítico. Impregnado de reminiscências, o patente subjetivismo da poesia de Paulo lastreia-se em grande medida da memória, que assume posição central no processo de transfiguração da experiência realizado pelo ato poético. E Paulo bem define o que aqui chamamos *memória*: "São coisas que vivem em nós sob uma forma carinhosa e intangível, coisas estranhamente inseparáveis de nós e estranhamente perdidas. Não morreram de todo: o espírito as visita e as preserva da extinção absoluta",[26] sendo certo que, nesse esforço de salvaguarda, a poesia é trincheira que as protege da fugacidade de todas as coisas.

O que passou adquire, assim, especial significado. "O que aconteceu já é eternidade",[27] assegura o poeta, em passagem que reverbera obliquamente o poder de perpetuação que a memória inocula na poesia (e vice-versa), acionado a cada leitura que se faça do texto poético. Irmanados pelo mesmo impulso evocatório, vários poemas projetam um "vasto mural no tempo, composto de quadros díspares e desordenados",[28] referendando a noção de que "ontem o mundo existe".[29] A ternura de "Camafeu" (de *Testamento do Brasil*), a delicada tessitura verbal de "Porão" (de *Arquitetura*), a vaga tristeza do "Poema de Paris" (de *A palavra escrita*), a sugestão sensual de "Infinito em câmera lenta" (de

24. Verso de "Bolero 1942", poema de *O domingo azul do mar*.

25. Mário Faustino, "Poesia de circunstância". Op. cit., p. 344.

26. Paulo Mendes Campos, "Infância", crônica publicada no *Diário Carioca* em 22 set. 1946.

27. Em "A fugacidade de todas as coisas", poema em prosa de *O domingo azul do mar*.

28. Paulo Mendes Campos, "Insônia", crônica coligida em *Cisne de feltro*, Rio de Janeiro: Civilização Brasileira, 2001, p. 67.

29. "O tempo", poema de *A palavra escrita*.

Transumanas), a nostalgia premonitória de "Sonoroso" (de *Diário da tarde*),[30] a serenidade bucólica de "Fazenda" ("Poemas esparsos", nesta edição) ilustram as diferentes modulações da revivificação das lembranças promovida por essa poesia tantas vezes empenhada em reafirmar que "nem tudo na vida passa,/ sobretudo o que passou".[31]

Na ciranda das recordações, a infância ressurge com particular relevo. "A melancolia da infância perdida é um dos sentimentos mais ou menos comuns a todos os homens: nela, porém, o artista sempre se descobre",[32] afirma Paulo, que num verso pede à "emoção antiga": "Conta que sempre sou, quem fui, menino".[33] E vários poemas atendem a esse desejo — "Sonho de uma infância", "Fragmentos em prosa" e "Infância" (de *A palavra escrita*); "Um menino" (de *Testamento do Brasil*); "Insônia" (*de Balada de amor perfeito*); "Escritório: achando elegia" (de *Arquitetura*); "Infância" (cf. "Poemas esparsos") se integram àquele "vasto mural no tempo" para revelar o "feroz e indisciplinado coração da infância".[34] Em meio a tantos quadros sobre o tema, chame-se a atenção para o "Retrato do artista aos sete anos" (de *O domingo azul do mar*), longo poema que, tangido por vertiginoso tropel de sensações, cintilações e alumbramentos, espelha em caleidoscópica imagística o espírito buliçoso a pressentir, ainda em menino, o ineludível chamado da arte. Talvez remonte aos tempos de garoto um aspecto incidental, e curioso, da poesia de Paulo: as inúmeras referências a um nome feminino — Maria. Uma passagem dos "Fragmentos em prosa" talvez o explique: "Minha primeira paixão chamava-se Maria e usava tranças./ Minha segunda paixão chamava-se Maria e tinha olhos bonitos,/ Minha terceira paixão chamava-se Maria".

30. Paulo Mendes Campos, *Diário da tarde*. Rio de Janeiro: Companhia das Letras, 2014.

31. Cf. a série "Lemas de meu caminhão", de *Trinca de copas*.

32. Paulo Mendes Campos, "Infância", op. cit.

33. "Translúcido", poema de *A palavra escrita*.

34. "Fragmentos em prosa", poema de *O domingo azul do mar*.

A memória também delineia uma espécie de cartografia afetiva na poesia de PMC. Em personalíssima geografia, Minas, o Rio de Janeiro, a Grota do Jacob (localidade na região serrana do Rio onde Paulo mantinha um sítio) e cidades de diversos países se avizinham num roteiro lírico e sentimental, que pode ter paragens bem-humoradas (como "BAR DO desaPONTO", da seção "Papéis de versos" desta edição) ou corrosivas (como "Copacabana 1945", de *Testamento do Brasil*). Impressões e lembranças de diferentes lugares têm registro, por exemplo, em "Domingo em Paris" e "4 de maio" (de *O domingo azul do mar*); "A luz em Diamantina" (de *Balada de amor perfeito*); "1949", "Copacabana" e "Prece" (de *Transumanas*); "No fundo do Rio rio" (de *Trinca de copas*); "Londres" (em "Papéis de versos"); "Na Grota" e "Letra de choro para Lúcio Rangel" (em "Poemas esparsos").

"O TEMPO/ A MORTE"[35]

A nostalgia — ou "saudade pungentemente melancólica",[36] como definiu Geraldo Pinto Rodrigues — que permeia parcela expressiva da obra poética de Mendes Campos deriva de questão maior e mais complexa, também frequente em seus versos: o tempo, que a tudo submete em sua permanente dinâmica de criação, transformação e dissolução de todas as realidades. A percepção de que "o problema humano básico é a angústia do homem no tempo"[37] se desdobra em vários poemas. É desse "homem no tempo" que fala o poeta no remate de "Definição" (de *O domingo azul do mar*): "O tempo é meu alimento/ Meu vestido, meu espaço/ Meu olhar, meu pensamento". Sob diferentes

35. Versos de "Três coisas", de *A palavra escrita*.

36. Geraldo Pinto Rodrigues, "Paulo Mendes Campos" (texto de apresentação). In: Milton de Godoy Campos, *Antologia poética de Geração de 45*. São Paulo: Clube de Poesia, 1966, p. 150.

37. Paulo Mendes Campos, "O poeta que se foi", artigo publicado em *Manchete* em 20 out. 1973 e coligido em *Diário da tarde*.

abordagens e formulações, o tema retorna, entre outros, em "Brasão", "Sentimento do tempo", "O tempo" e "Tempo-eternidade" (de *A palavra escrita*).

A angustiosa "fantasmagoria do tempo"[38] relaciona-se intimamente com a incontornável finitude dos seres e das coisas, aspecto que, se põe a descoberto a precariedade da existência humana inapelavelmente fadada ao aniquilamento, também seduz pelo que contém de enigmático. Desfecho inescapável das tramas do tempo, a morte instila na poesia de Mendes Campos um travo de melancolia, ao mesmo tempo que instala um território fértil a especulações e perplexidades. Em passagem de "Experiência com LSD", Paulo revela que o interesse pelas questões do tempo e da morte o acompanhou desde a primeira mocidade: "Quando era adolescente e resolvi fazer-me escritor, ou achei que era escritor, comprei três cadernos: num, fui copiando poemas sobre a morte; no outro, anotava todos os trechos que me pareciam pertinentes ao problema do tempo; transcrevia, no terceiro, verso e prosa que se referissem à solidão. Tempo, solidão, morte. *No way out*".[39]

De fato, entre os papéis de PMC há um caderno com a inscrição "Poemas da morte", no qual o poeta transcreveu composições de Álvares de Azevedo, Bandeira, Baudelaire, Cruz e Sousa, Drummond, Fagundes Varela, Jorge de Lima, Neruda, Rilke, Verlaine, entre outros. O magnetismo das "coisas da morte" e da "morte das coisas"[40] transparece já nos versos da juventude, como no poema sintomaticamente intitulado "Fim da vida",[41] que Paulo escreveu no viço dos dezenove anos. Por essa época, publicou no belo-horizontino *O Diário* "A morte na poesia", artigo em que comenta a "atração poderosa" desse "abismo angustiado". Segundo Paulo,

38. "Loa literária do desengano", poema de *Balada de amor perfeito*.

39. Paulo Mendes Campos, "Experiência com LSD", publicado em *Trinca de copas*. Rio de Janeiro: Achiamé, 1984, p. 11.

40. "Retorno a Belo Horizonte", coligido na seção "Poemas esparsos" desta edição.

41. Coligido na seção "Papéis de versos" desta edição.

> se a morte para todos os humanos é um problema, [...] nos poetas é algo de transcendente, de apocalíptico [...]. A morte, pelo que tem de infinitamente grande, pela intensidade com que repercute em nossa alma, pelo que tem de misterioso e de definitivo, surge na poesia em múltiplas tonalidades, em aparições surpreendentes, revelando sentimentos fundos e contraditórios, com esperanças, desesperos, com requintes de sensibilidade.[42]

Discorrendo em termos genéricos, o jovem articulista parece analisar, de antemão e com justeza, a acentuada presença da morte na obra que ele próprio comporia.

A correlação entre tempo e morte se insinua no poema "Três coisas", de *A palavra escrita*, em que se lê: "Não consigo entender/ O tempo/ A morte /[...]/ O tempo é muito comprido/ A morte não tem sentido /[...]/ Não consigo medir/ O tempo/ A morte /[...]/ O tempo, quando é que cessa?/ A morte, quando começa? /[...]/ Muito medo tenho/ Do tempo/ Da morte /[...]/ O tempo levanta o muro./ A morte será o escuro?". Afim ao que há de insondável no tempo, o mistério que envolve a "indesejável das gentes" fascina o poeta, superando até mesmo o que há de incógnito em torno do Criador, conforme se percebe na quadra inicial de "Cântico a Deus" (de *A palavra escrita*): "O abismo da morte certa/ Sempre terá mais delícia/ Que a doce e fria malícia/ De tua face encoberta".

A vertigem diante do "abismo da morte certa" se traduz em esquadrinhamento aturado, para não dizer obsessivo. A questão pode ser examinada em profundidade (como em "À morte", de *O domingo azul do mar*), filtrada em denso lirismo (como no belo soneto "O suicida", de *A palavra escrita*) ou evocada sem qualquer transcendência na imagem prosaica de um caixão com "seis alças de latão" (em "Ela", de *O domingo azul do mar*). Por vezes, a nota dominante é o pasmo do poeta,

42. Paulo Mendes Campos, "A morte na poesia", artigo publicado em *O Diário* (BH) em 31 mar. 1942.

como na alusão ao "medo da morte" (nos "Fragmentos em prosa") ou nas estrofes de "Três coisas". Com efeito, da reflexão constante parece brotar a familiaridade, há muito cultivada, entre o Mendes Campos e a morte — "a grande e pequenina morte que carrego comigo",[43] referida num verso em franca correspondência com a seguinte passagem do cronista: "outro dia dei dentro de mim com uma morte tão madura, tão forte, tão homem, tão irrespondível, tão parecida comigo, que fiquei no mais confuso dos sentimentos. Esta eu não posso matar, esta é a minha morte".[44] No plano poético, o íntimo apelo da finitude (já metaforizado em "ossos /[...]/ empapados de morte")[45] chega mesmo a consumar-se. Primeiro em sonho, a partir do qual o poeta experiencia o próprio velório (em "A morte", de *A palavra escrita*); depois, atinge o ponto alto em "À árvore inútil", em que se lê: "Eu lhe disse: está morto/ Paulo Mendes Campos morreu".[46]

"AGORA, ORGANIZEI MEU SOFRIMENTO AO SOFRIMENTO/ DE TODOS"[47]

O frequente debruçar-se sobre questões e inquietações não circunscritas ao presente histórico, fundadas na própria experiência (amor, solidão, memória, nostalgia da infância) ou orientadas para o suprassensível (tempo, morte), pode, à primeira vista, insinuar certo escapismo, rente àquela busca de "transcender constantemente o temporal" de que fala Sérgio Buarque de Holanda, bastante comum na poesia do pós-guerra. Esse traço da lírica de Paulo ensejou severa crí-

43. "À morte", poema de *O domingo azul do mar*.

44. Paulo Mendes Campos, "Encenação da morte", crônica coligida em *O amor acaba*.

45. "Retorno a Belo Horizonte", poema coligido na seção "Poemas esparsos" desta edição.

46. "À árvore inútil", poema coligido na seção "Papéis de versos" desta edição.

47. De um verso do "Poema didático".

tica de Mário Faustino, segundo a qual PMC seria um escritor "absenteísta", "um poeta que não vive seu presente".[48] Todavia, o gosto pela sondagem ontológica de fundo metafísico não domina com exclusividade a obra poética de Mendes Campos. Seu verso também se abre, sobretudo a partir de *Testamento do Brasil*, à realidade objetiva, que passa a ganhar destaque em seu repertório de preocupações. Em *O domingo azul do mar* já se percebe o impulso participante que caracterizará a poesia de PMC na década seguinte. O "Poema didático" anuncia a viragem no discurso do cantor que, outrora "*clown* de [seus] próprios fantasmas", "cão metafísico [ganindo] para a eternidade", agora se sabe "real em um mundo real".

A mudança manifestada no "Poema didático" repercute no livro subsequente. Em "Testamento do Brasil", poema que dá título à coletânea lançada em 1966, desfia-se um inventário das mazelas seculares deste "Brasil precário": os "mocambos do Recife", "toda a fome do Nordeste", do Rio "as favelas,/ a morte que mora nelas", de São Paulo "as chagas do Tietê". Se o "Poema didático" alude a um fruto da terra a ser repartido entre seus filhos, no "Testamento do Brasil" o poeta se faz legatário de problemas crônicos das diferentes regiões do país, denunciando a indeclinável herança de pobreza e injustiça que direta ou indiretamente a todos se impõe. O olhar crítico também está em "Copacabana 1945", em que o poeta restringe o alcance de sua grande-angular: centrado no microcosmo do emblemático bairro carioca, ele submete "a mensagem abortada de Copacabana" ao filtro de sua subjetividade para revelar um caótico painel de violência e miséria. A mensagem social ecoa forte em "Um homem pobre", retrato sem retoques do "pobre irmão" feito "a ferro e fogo", "a fome e logro", duplo do "homem que se consumiu na fábrica" e do "que sangrou na ferrovia" (do "Poema didático"). Sob o apelo igualitário que busca a todos irmanar, o "homem pobre" ombreia-se com o poeta de "Repetição do

48. Mário Faustino, "Poesia de circunstância". Op. cit.

mundo" (de *O domingo azul do mar*), também ele "animal assim tão espoliado" e "homem apenas fabricado para a repetição do sofrimento".

Os versos engajados levaram Mendes Campos à série *Violão de rua*, "obra participante mas não partidária", organizada por Moacyr Félix em colaboração com o Centro Popular de Cultura (CPC) da UNE. Lançados em 1962 e 63, os três volumes da série reúnem poetas como Ferreira Gullar, Geir Campos, Joaquim Cardozo, Oscar Niemeyer e Vinicius de Moraes, além do próprio organizador. Paulo participa com quatro poemas: "Um homem pobre" e "Poema para ser cantado", no volume 1; "Testamento do Brasil" e "Vivência", no volume 3.[49] Nas "Notas introdutórias" aos volumes 2 e 3, Moacyr Félix afirma que *Violão de rua* responde à "necessidade de a poesia brasileira, imersa nas interrogações ou afirmações de um tempo que a essencializa, não ser mais aquela sucessão de falsos espelhos ou de enganadoras rosas, tão em voga há pouco",[50] configurando "um gesto resultante da poesia encarada como forma de conhecimento do mundo e servindo, portanto, ao esforço para uma tomada de consciência das realidades últimas que nos definem dentro deste mesmo mundo".[51] Tais passagens sintetizam o espírito que, às vésperas do golpe militar de 1964, ganhava corpo na poesia brasileira — e se refletia na obra de Paulo. As "enganadoras rosas" aludidas por Félix, aliás, parecem desabrochadas no mesmo etéreo jardim da "rosa/ Que se sustentasse sem haste, imaginada", que outrora perturbara o autor do "Poema didático".

O compromisso dessa poesia com o momento histórico filia-se à "contingência que circunscreve o poeta a seu tempo e a seu povo", referida na crônica "Resposta". Paulo desdobra a reflexão:

49. "Poema para ser cantado" e "Vivência" integram a seção "Poemas esparsos" desta edição; os demais foram publicados em *Testamento do Brasil*.

50. Moacyr Félix, Nota introdutória a *Violão de rua*, v. 2, Rio de Janeiro: Civilização Brasileira, 1962, p. 9.

51. Id., Nota introdutória a *Violão de rua*, v. 3, Rio de Janeiro: Civilização Brasileira, 1963, p. 9.

> A rigor, só podemos entender e sentir os poetas de nosso tempo, de nosso país, de nossa região. [...] Por terem uma intimidade excepcional com as coisas que os rodeiam, por reduzirem seu entendimento intuitivo às emoções de seus contemporâneos é que os poetas são criaturas de eleição, chamadas a testemunhar o efêmero.[52]

POETA DE POETAS

Em que pese a natural afinidade entre o leitor e os poetas de seu tempo, de seu país, de sua região, o que talvez lhe permita compreendê-los com maior clareza e genuinidade, a afirmativa de Mendes Campos deve ser relativizada, e sua própria atuação intelectual se encarrega de fazê-lo. Paulo dedicou-se largamente à tradução, possibilitando que, ultrapassada a barreira do idioma, autores de diferentes lugares, épocas e culturas fossem lidos em língua portuguesa.

Sua extensa produção como tradutor inclui obras as mais diversas, de *O teatro de marionetes* (1810), do alemão Heinrich Von Kleist, à fantasiosa ficção de *As crônicas de Nárnia* (1950-6), do irlandês C. S. Lewis. Nesse amplo continente literário, cabe à poesia vasto território. Poetas de distintas nacionalidades e variadas tendências estéticas aportaram em nossa língua por seu intermédio: Apollinaire, e.e. cummings, Emily Dickinson, Eugenio Montale, García Lorca, Jorge Luis Borges, Paul Claudel, Paul Éluard, Paul Verlaine, Philip Larkin, Stephen Spender, William Blake, W. H. Auden e Umberto Saba compõem pequena amostra do elenco de autores por ele traduzidos. Assim como fez com o clássico *The Waste Land*, de T.S. Eliot — que, na apreciação do poeta Ivan Junqueira, ele "magistralmente traduziu sob o título de *A terra inútil*"[53]—, Paulo verteu na íntegra o caudaloso *Canto general*, de Pablo

52. Paulo Mendes Campos, "Resposta", crônica coligida em *Artigo indefinido*. Rio de Janeiro: Civilização Brasileira, 2000, p. 167.

53. Ivan Junqueira, "A grande poesia de Paulo Mendes Campos", *O Globo* (RJ), 2 mar.

Neruda, em tradução "sensível, correta e elegante",[54] segundo Silviano Santiago. Do poeta chileno também traduziu integralmente *Residencia en la tierra* I e II. Admirador declarado de Mendes Campos, o escritor português António Lobo Antunes exalta-lhe a atuação como tradutor: "não vi, em língua portuguesa, melhor tradução dos poemas de Dylan Thomas que a feita por ele".[55]

Esparsamente publicados na imprensa, alguns poemas traduzidos estão em *Diário da tarde* e *Trinca de copas*, volumes que PMC lançou na década de 1980. A presente edição reúne traduções extraídas de jornais e revistas, inéditas em livro. Operoso artífice da palavra, Paulo escreveu certa vez: "Traduzir é meu jeito de descansar/ carregando pedras".[56] A metáfora faz lembrar o mitológico Sísifo na eterna tarefa de empurrar montanha acima, obstinadamente, a pedra que rola ao atingir o topo. E talvez haja no tradutor de poesia algo do pertinaz Sísifo em sua lida incessante, conforme se deduz do testemunho de Paulo: "Começo a retocar, e o aprimoramento é infindável. Quando a pessoa produz a sua literatura, atinge um ponto-limite, mas a tradução pode sempre ser melhorada".[57] Daí a jocosa conclusão: "A teimosia, como a cruz para o cristão, é o sinal do tradutor de poemas".[58]

A íntima convivência com poetas tão díspares, frutificada numa espécie de coautoria compulsória imposta pela tradução, deixa rastros

---

1980. Artigo republicado com pequenas alterações em Ivan Junqueira, *Ensaios escolhidos: de poesia e poetas*. São Paulo: A Girafa, 2005. pp. 545-8. A edição de *A terra inútil* é de 1956.

54. Silviano Santiago, "Ao povo amado", revista *Veja*, n. 565, 4 jul. 1979, p. 57. As traduções de PMC, com os títulos *Canto geral* e *Residência na terra*, foram editadas em 1979 e 1980, respectivamente.

55. António Lobo Antunes, "Tradição brasileira" (matéria de Ubiratan Brasil), *O Estado de S. Paulo*, 27 set. 2011 (*Caderno 2*, p. 1).

56. "Trabalhos e dias", dístico coligido em *Transumanas*.

57. Paulo Mendes Campos, "A poesia jovem ainda está presa ao jogo de palavras", entrevista concedida ao *Jornal do Brasil* (RJ) em 3 nov. 1979 (Caderno B, p. 9).

58. Paulo Mendes Campos, "Coriscos no parque", *Diário da tarde*. São Paulo: Companhia das Letras, 2014, p. 145.

nos versos próprios de Mendes Campos, que não escondem suas afinidades eletivas. Atento a esse mapa de (p)referências, Ivan Junqueira destaca a "Loa literária do desengano" (de *Balada de amor perfeito*), cuja "listagem dos autores [...] confirma à exaustão que Paulo Mendes Campos é, acima de tudo, um poeta de poetas. De altíssimos poetas".[59] Drummond, por seu turno, sublinha a sua erudição: "A poesia de Paulo é requintada e esperta. Nutre-se de um fundo cultural muito rico".[60] Claramente sinalizadas nos poetas que elegeu para traduzir, suas predileções podem ser rastreadas ainda em poemas como "Litania da lua", de *Balada de amor perfeito*, e "*In vino veritas*", de *Transumanas*.

"Poeta de poetas", conforme Ivan Junqueira, ou "poeta para poetas",[61] segundo Drummond, Paulo se autodefiniu, em verso tomado de empréstimo a Álvares de Azevedo, como poeta que "sonhou e amou na vida".[62] Deixou uma lírica constelada, que modestamente se sabe precária e inconclusa como a própria existência: "É um trabalho que começou há muito e que não tenho a esperança de acabar, por falta de tempo. E daí? Na minha poesia, o que me importa é o gosto de mexer com o barro vivo: a escultura acabada está fora da minha pretensão",[63] afirmou.

Irredutível a um denominador comum, sua poesia já foi qualificada de triste ou desencantada. Afinal, "o coração que come/ O sangue espesso da melancolia" é bem mais evidente do que supôs o poeta no "Autorretrato" esboçado em *O domingo azul do mar*. Essa impressão, no entanto, só em parte se confirma. Há de fato em Paulo Mendes Campos "uma tristeza natural, nascida do choque de seu espírito observa-

59. Ivan Junqueira, "A grande poesia de Paulo Mendes Campos", op. cit.

60. Carlos Drummond de Andrade, "Sessentão dos bons", crônica publicada no *Jornal do Brasil* (RJ) em 2 mar. 1982 (Caderno B, p. 7).

61. Idem.

62. Antepenúltimo verso de "À árvore inútil", retirado do poema "Lembrança de morrer", de Álvares de Azevedo.

63. Entrevista a Beatriz Marinho, op. cit.

dor e sensível com uma realidade que fornece substanciosos motivos à melancolia",[64] tal qual ele detectou em Augusto dos Anjos. Mas essa é uma verdade deficitária, e a presente edição o comprova. Criada sob o signo da pluralidade, a lírica de PMC revela-se refratária a categorizações simplistas quando submetida ao olhar atento.

Ainda assim arrisco, nessas linhas finais, condensar numa frase o que me parece ser a pedra angular desta obra poética. Guardado em um dos mais de cinquenta cadernos que integram o acervo de Paulo depositado no Instituto Moreira Salles, no Rio, há um recorte de jornal com diversas definições de poesia formuladas por grandes nomes da literatura universal. Entre elas, a seguinte sentença de Novalis: "A poesia é a arte de exercitar a alma". Aí está: arte como exercício da alma. Penso não haver melhor síntese da poesia de Paulo Mendes Campos.

64. Paulo Mendes Campos, "A tristeza em Augusto dos Anjos", crônica coligida em *Artigo definido*. Rio de Janeiro: Civilização Brasileira, 2000, p. 120.

Índice de títulos e primeiros versos

As entradas entre aspas indicam primeiros versos, as demais referem-se aos títulos de poemas. Títulos ou versos em língua estrangeira estão destacados em itálico.

ESTA OBRA FOI COMPOSTA EM MERIDIEN PELO ACQUA ESTÚDIO E IMPRESSA EM OFSETE PELA GEOGRÁFICA SOBRE PAPEL PÓLEN SOFT DA SUZANO S.A. PARA A EDITORA SCHWARCZ EM DEZEMBRO DE 2022

A marca FSC® é a garantia de que a madeira utilizada na fabricação do papel deste livro provém de florestas que foram gerenciadas de maneira ambientalmente correta, socialmente justa e economicamente viável, além de outras fontes de origem controlada.